HUMOUR et GOLF

ALAIN R. BOCQUET ET PHILIPPE LEJOUR

HUMOUR et GOLF

Dessin de Paul Ordner. Collection Alain R. Boquet. DR.

Éditions de La Martinière

AVANT-PROPOS

« Le golf ? c'est pas humain ! » Voilà ce qu'on entend murmurer parmi les plus lucides des amateurs ou des professionnels. Serait-ce à dire que ce sport est d'essence divine ? Peut-être, car le golf, contrairement à ce qu'on croit, n'est ni un sport ni un jeu : c'est un mythe, un culte, une franc-maçonnerie, une religion. Une authentique religion avec ses églises, ses fidèles, ses lieux saints. Avec aussi son intégrisme et son cortège de fanatiques. Sans oublier son purgatoire et son enfer ! Quant à son paradis... il n'est permis que d'en rêver. D'ailleurs, une des grandes questions que soulève ce livre est : y a-t-il un golf (ou des golfs : en rêve tout est permis !) au paradis ? La première réponse serait naturellement que s'il y a un golf au paradis, il ne mériterait plus ce nom tant l'exercice de ce sport peut être... infernal. Car qui, si ce n'est le diable lui-même, a inventé ce jeu démoniaque qui consiste à essayer, avec l'énergie du désespoir, de contrôler une petite balle blanche avec le matériel le moins adapté à cet effet. La pratique du golf est, en fait, un éternel recommencement. Les efforts que l'on fait — et les fortunes que l'on dépense ! — pour s'améliorer équivalent à remplir un tonneau sans fond, comme dans le mythe des Danaïdes.

De plus, quand on commence à « mordre » au golf, le fol enthousiasme du début fait vite place à une certaine désillusion. Pas seulement parce qu'on s'aperçoit que le jeu est quand même plus difficile qu'il n'y paraît — il en va de même pour toutes les entreprises — mais parce que l'environnement humain que l'on espérait convivial, sympathique, chaleureux, se révèle parfois assez hargneux, agressif, angoissé et même complexé. Le golf en effet, agit comme un véritable révélateur de l'ego et se plaît malignement à faire ressortir tel ou tel complexe de supériorité... ou d'infériorité, qui s'avèrent assez rapidement être la même chose ! Curieusement, le golf favorise aussi la projection de certains fantasmes, comme ceux concernant les rapports sociaux : ainsi, en France, la « démocratisation » du golf est un mythe soigneusement entretenu.

Dieu merci, il y a l'humour. D'ailleurs au golf, la seule manière de s'en sortir, c'est l'humour. Et si l'humour consiste à traiter légèrement des choses graves et gravement des choses légères, avec en plus, une bonne dose d'autodérision, ce livre agira sans doute comme une thérapie pour de nombreux golfeurs qui ont tendance à oublier que le golf, après tout, n'est qu'un jeu. L'humour golfique que nous vous proposons dans ces pages est « of course » le meilleur, puisqu'il s'agit d'humour anglais. Et c'est bien normal, car le golf est resté pendant quatre siècles un supplice purement insulaire et britannique. Devant le sérieux assez « coincé » de certains nouveaux adeptes du golf (et même de quelques anciens), il nous a paru urgent de faire rire ou sourire à propos du golf, et à nos propres dépens et de rappeler aux pauvres golfeurs stressés que nous sommes tous que ce calvaire — comme ce livre — n'est destiné qu'à nous divertir et à nous amuser. Puissent les golfeurs, nos frères... et nos sœurs, se reconnaître dans ces pages, comme les auteurs s'y sont reconnus.

SOMMAIRE

6 LA MYTHOLOGIE GOLFIQUE

8 Les Tables de la Loi : les règles et l'étiquette

18 Les rites : les tournois et les compétitions

22 LE PEUPLE GOLFIQUE

24 Dieux et déesses : les champions et les championnes

40 Les mortels : hommes, femmes et… chiens

74 Les pleureuses : les « veuves » du golf

78 Les oracles : les caddies et les pros

96 LE CULTE GOLFIQUE

98 Les objets du culte : clubs, balles et… mode golfique

110 Les jeux : le parcours, le practice et le « golf en chambre »

130 La colère du ciel : le temps et les intempéries

141 Bibliographie

142 Glossaire

LE GOLF EST-IL VRAIMENT UN MYTHE ? Sans doute non. Si l'on en croit le petit Larousse, un mythe est une « construction de l'esprit qui ne repose PAS sur un fond de réalité ». Dans ce cas, le golf n'en est pas un, car hélas, il se base bel et bien sur une réalité — et quelle réalité ! On l'a dit : le golf, c'est pas humain ! Et pas vraiment drôle tous les jours. S'il n'est donc pas véritablement un mythe, en revanche on pourrait dire que le golf est devenu MYTHIQUE. Il y a, en effet, toute une mythologie qui entoure ce sport, ou plutôt cette véritable religion. Religion dans laquelle on est élevé de naissance, ou que l'on embrasse par passion. Ou encore à laquelle on se convertit par résignation conjugale.

Cette religion a, bien sûr, ses Tables de la Loi. Ce sont les fameuses « Rules of Golf », ces règles qui régissent le jeu depuis 1754 ainsi que la non moins célèbre « étiquette » qui en est le code moral du comportement. Les rites de cette religion sont célébrés à travers le monde entier au cours d'innombrables grand-messes que sont les tournois et les compétitions professionnels ou amateurs ; le British Open ou la Coupe des Ménages du golf de Palavas-les-Flots, peu importe : la ferveur y est unanime.

Cette religion est naturellement composée de différentes églises dont l'œcuménisme ne progresse que lentement et où on ne mélange qu'épisodiquement les torchons du circuit américain avec les serviettes du circuit européen (sans parler des circuits australien ou japonais dont l'importance grandit tous les ans). Les lieux saints ou les SANCTUAIRES de cette secte mondiale sont l'objet de pèlerinages réguliers dont la dévotion n'a d'égale que celle vouée à La Mecque. Quant aux temples, les milliers de clubs de golf disséminés sur toute la planète, ils se ressemblent étrangement par la faune qui les hantent. Rien ne ressemble plus à un golfeur indien qu'un golfeur sénégalais, et les club-houses respirent partout cette même atmosphère intime, « cosy » et « fair play », que ce soit à Calcutta, à Dakar ou à Biarritz…

Pour en revenir aux mythes, outre celui du tonneau des Danaïdes, il en est un autre qui illustre encore plus parfaitement la destinée du golfeur : c'est le mythe de Sisyphe, condamné à rouler vers le sommet d'une montagne un rocher qui retombe sans cesse. C'est un éternel recommencement. Au golf non plus, on n'a jamais fini de faire rouler sa balle vers le trou. Et à peine pense-t-on avoir atteint le sommet d'un handicap à un chiffre, que l'on retombe parfois plus bas que son point de départ et qu'un beau matin, on se surprend à traîner lamentablement sur un parcours avec un handicap dont la fièvre frise les 37° 2 !

La mythologie golfique...

Les Tables de la Loi : les règles et l'étiquette

Issu du jeu de *kolf* hollandais connu depuis la fin du XIIIᵉ siècle, le royal et ancien jeu de *golf* n'a été baptisé officiellement que depuis le jour du 14 mai 1754 où furent codifiées et déposées les quatorze premières règles golfiques, au Royal and Ancient Golf Club de Saint Andrews en Écosse. Ces règles, complétées depuis, continuent encore à régir le jeu à travers le monde. Chaque manquement à ces règles se paye par une ou plusieurs pénalités. L'étiquette golfique, non écrite, est un code moral de politesse et de comportement dont les manquements ne sont pas pénalisés mais sévèrement désapprouvés. Cela peut mener jusqu'à l'« excommunication ». C'est pourquoi une vraie réussite au golf est impossible sans l'observance de ce savoir-vivre. Ce n'est pas toujours le cas dans d'autres milieux...

Page de droite :

APPLICATION DE LA RÈGLE I
Quand le printemps chante dans les buissons, si le ciel t'a donné une gentille adversaire, garde tes distances, ou bien laisse passer la partie qui te suit.

Textes et images de Maurice Bouchon, extraits de Méditations sur le royal et ancien jeu de golf. *DR.*

MÉDITATIONS SUR LE ROYAL ET ANCIEN JEU DE GOLF

Texte et images de MAURICE BOUCHON

Jouez dur, jouez mou,
Mais, bon Dieu, jouez dans l'trou.

Page de droite, en haut :

RÈGLE XI - OBSTRUCTIONS
Tout drapeau, poteau de direction, machine, véhicule, pont, planche, banc, cabane, abri ou obstruction similaire peut être enlevé.

Page de droite en bas, à gauche :

RÈGLE XXV
Lorsqu'une balle repose dans un « obstacle »... le joueur peut placer fermement ses pieds sur le sol pour se mettre en position.

Le golf est à la fois une excellente distraction et une maladie incurable

Bertie Charles Forbes
journaliste

Page de gauche :

Regarde ta balle ! ! !

Page de droite en bas, à droite :

Sur le tapis vert du golf, les soucis disparaissent. Du tee du 1 au green du 18, au milieu des frondaisons coupées d'échappées par où la vue se repose vers des horizons lointains, adieu les affaires, les tracas domestiques, la ville trépidante et son bruit. Tous les soucis ont disparu ? Non, il en reste un... le golf, mystère impénétrable, inépuisable sujet de méditations.

Textes et images de Maurice Bouchon, extraits de Méditations sur le royal et ancien jeu de golf. DR.

RÈGLE VI
Aucune balle ne peut être poussée, grattée ou ramassée à la cuillère…

RÈGLE XII
Quand une balle se retrouve dans un obstacle ou contre un obstacle, rien ne sera fait pour améliorer sa position.

RÈGLE XIII
Les traces de ver de terre peuvent être enlevées… sans pénalités.

RÈGLE XVI
Quand les balles se trouvent à moins de six pouces l'une de l'autre… (la distance doit être mesurée à partir de leur point le plus proche).

CHARLES CROMBIE (1887-1967), illustrateur de la revue *Punch*, dessina, dans les années 1930, plusieurs règles de sport : le tennis, le cricket… et le golf. L'édition originale bilingue anglais/français de ces *Règles de golf humoristiques* était parrainée par Perrier, « a french natural table water ».

Dessins de Charles Crombie. DR.

The Rules of Golf Illustrated

By Charles Crombie

Album 2.

RÈGLE XXIII
Si la balle d'un joueur frappe le caddy d'un adversaire... l'adversaire perd le trou... et peut-être son caddy.

RÈGLE XXXI
Si une balle est perdue dans le brouillard, on n'en écartera que la partie strictement nécessaire au joueur pour retrouver sa balle.

RÈGLE XII (v.)
Tout joueur a le droit de retrouver sa balle...

Dessins de Charles Crombie. DR.

RÈGLE XVII
Tout détritus peut être enlevé du green avant de jouer.

RÈGLE VII
Toute balle doit être jouée là où elle se trouve...

RÈGLE XX
Un joueur ne jouera pas tant que sa balle n'est pas arrêtée, sous pénalité d'un point.

Dessins de Charles Crombie. DR.

Les rites : les tournois et les compétitions

Le tout premier et vrai tournoi de golf fut disputé — bien sûr — en Écosse, à Leith, et remporté par John Rattray le 2 avril 1744.
Les vraies grand-messes du golf sont peu nombreuses : quatre compétitions annuelles seulement constituent ensemble le Grand Chelem.
Sur les quatre, il y a trois tournois américains et un anglais : l'US Open, l'US PGA, le Masters et le British Open. Personne encore n'a jamais gagné les quatre compétitions du Grand Chelem la même année. Pour les grands champions internationaux, c'est l'impossible quête du Graal. Seul James Sarazen avait, avant la création du Masters, remporté la même année les trois autres tournois.

Dessins extraits de The New-Yorker Album of Sports and Games, *Hamish, Hamilton Londres. DR.*

Et voilà, c'est la fin de ce merveilleux tournoi, mes chers auditeurs. Nous espérons que vous aurez pris autant de plaisir à écouter ce reportage que nous-mêmes à vous le commenter sur le parcours...

Et maintenant, c'est le dernier coup, chers auditeurs... En ce moment il évalue le putt, il se penche et se met à l'adresse de la balle... maintenant, il regarde dans ma direction...

"Amen!"

Moralité : avant de parler, renseignez-vous sur le score de votre adversaire.

De gauche à droite et de haut en bas :

Écoute bien, Joe. Tu connais ce trou n° 3 qui passe au-dessus du ruisseau ? Eh bien, je l'ai fait en 4 !

Pffuit ! Ce n'est rien, il m'est arrivé de le faire en 3...

Tu te rappelles ce terrible 18, avec sa montée assez raide ? Eh bien, sans me vanter, Joe, je l'ai fait en 5 ! Pas mal, hein ?

Ouais, ce n'est pas mal, Eddie. Mais moi, j'ai fait 4 sur ce trou-là.

Mais écoute, Eddie ; dis-moi. Quel est ton meilleur score sur le 8, tu sais celui qui est en dogleg à gauche ?

Ah non, ça suffit ! C'est à moi maintenant.

Planche extraite de Golf, par Clare Briggs, P. F. Volland and Co., Chicago. DR.

LES GOLFEURS, VOUS L'AVEZ DEVINÉ, CONSTITUENT UNE RACE À PART dont l'origine — il faut bien le dire — se perd dans la nuit des temps. La seule certitude que l'on ait, c'est qu'il y avait effectivement un couple de golfeurs — un mâle et une femelle — dans l'arche de Noé. Quant à leurs handicaps réels et respectifs avant le déluge : mystère ! comme d'ailleurs pour celui de Noé...

Depuis le reflux des eaux, ce peuple béni par le créateur a crû, s'est multiplié et a essaimé dans tout l'univers. Certains sur la Terre, d'autres dans des sphères plus élevées.

Ceux qui ne touchent plus terre, sauf pour jouer au golf, bien entendu, et se montrer à leurs adorateurs, sont les DIEUX ET LES DÉESSES du golf. Inaccessibles, lointains, ces champions et ces championnes, semblables à des météores, entraînent dans leur sillage, sur les parcours, des foules innombrables qui hurlent de joie chaque fois qu'un de ces génies « entre » un putt sur une sortie de bunker, pur effet du hasard...

Ceux qui, en revanche, ont bel et bien les pieds sur terre et qui ne peuvent que rêver à l'Olympe du golf, sont les humbles MORTELS. Ce sont les fidèles, le peuple des dieux, hommes, femmes et chiens qui s'adonnent, comme à un opium, à la célébration d'un culte étrange dont le chemin de croix hebdomadaire se compte en 18 stations appelées « holes », qui sont comme autant d'épines enfoncées dans leur chair et dans leur amour-propre.

Certaines mortelles constituent une sous-espèce que nous avons appelée les PLEUREUSES du golf. Malheureuses femmes résignées à suivre leur mari, ou délaissées et forcées de subir « at home » la dévorante passion golfique de leur époux. Ces « veuves » avant l'heure, si elles retrouvent épisodiquement l'enveloppe charnelle de leur conjoint, savent que depuis longtemps leur esprit a déserté le domicile conjugal !

Parmi le « peuple » golfique, il y a enfin ceux qui, accrochés à la terre et ayant pris racine sur leurs terrains de golf, sont devenus de véritables ORACLES. Ces apôtres, ces saints, détenteurs de la Vérité golfique, sont les grands prêtres du culte. Ces « pros » — professeurs et professionnels — enseignent, soutiennent, encouragent, jugent, réprimandent et parfois rançonnent les pauvres mortels. Mais leur divine parole est indiscutable et définitive, et le secours qu'ils apportent est absolument essentiel.

N'oublions pas parmi ces demi-dieux, dont plusieurs, tel Ballesteros, se sont hissés au rang des dieux à part entière, n'oublions pas les caddies, espèce — hélas — en voie de disparition pour les simples mortels, mais dont la présence réconfortante et les conseils judicieux sont indispensables même aux plus grands champions.

Le peuple golfique...

Dieux et déesses : les champions et les championnes

Comme toute mythologie, celle qui entoure le golf est évidemment polythéiste, et les dieux, les héros — et les héroïnes — qui ont marqué ce sport ont une histoire bien réelle ou purement imaginaire.
Il n'y a pas que les grands champions — morts ou vivants — qui font partie de l'Olympe du golf. Des personnages légendaires comme Bécassine, le capitaine Haddock, les Pieds Nickelés, Bicot ou plus récemment Astérix et Obélix, ont été de fervents adeptes de la petite balle blanche.

Dieu et Moïse jouent ensemble au golf et ils arrivent au tee du 15, qui est un par 3 entièrement entouré d'eau. C'est à Dieu de jouer, et il se met à l'adresse après avoir empoigné un fer 6. Moïse lui dit : « t'es fou de jouer un fer 6 sur ce trou, tu vas aller dans l'eau. — Je ne vois pas pourquoi je ne jouerais pas un fer 6, rétorque Dieu, Ballesteros à cet endroit arrive à 10 centimètres du trou avec un fer 6, alors moi qui suis Dieu je ne vois pas pourquoi je n'y arriverais pas. » Il joue, la balle s'élève... et retombe dans l'eau. « Je te l'avais bien dit ! s'exclame Moïse. — Bon, d'accord ; écarte les eaux, que je ramasse ma balle. — J'en ai assez, dit Moïse, de sans arrêt t'écarter les eaux pour que tu récupères tes balles perdues. C'est la dernière fois que je le fais. » Moïse écarte les eaux, Dieu ramasse sa balle, revient, la remet sur le tee, et... reprend son fer 6. Moïse, fou de rage, lui dit : « tu es complètement obtus de reprendre ton fer 6. » Dieu, imperturbable : « si Ballesteros joue un fer 6 d'ici et se met à 10 centimètres du trou, je dois évidemment y arriver. » Moïse : « je te préviens que si elle retourne dans l'eau, tu te débrouilles. » Dieu drive, la balle s'envole et retombe dans l'eau !
« Moïse, sois fair play, écarte les eaux, s'il te plaît. — Non, non, je t'avais prévenu. Débrouille-toi. »
Et Dieu va tranquillement ramasser sa balle en... marchant sur l'eau. Arrive, au départ du 15, la partie suivante. Un des joueurs ayant assisté à la scène s'adresse à Moïse : « mais il est dingue votre copain, il se prend pour Dieu ! » Et Moïse de répondre : c'est pire que ça, il se prend pour Ballesteros ! »

© Hergé/Casterman

Première rangée, de gauche à droite :

HARRY VARDON. Américain (1870-1937). Gagna le British Open en 1896, 1898, 1899, 1903, 1911, 1914, et l'US Open en 1900. Un des membres du premier Triumvirat qui domina le British Open, avec John Taylor et James Braid. Il mit au point le grip « overlapping » qui porte son nom et qui est certainement le plus usité sur la planète.

JOHN TAYLOR. Anglais (né en 1871). L'« Anglais » du Triumvirat (Braid était Écossais). Un swing aussi puissant que l'était son charisme. Gagna le British Open en 1894, 1895, 1900, 1909, 1913, et l'Open de France en 1908 et 1909.

TOMMY ARMOUR. Écossais (né en 1896). Il perdit la vue lors de la Première Guerre mondiale, alors qu'il servait dans les chars. Il recouvra la vue d'un œil et gagna de nombreux tournois européens, dont l'Open de France en 1920.

BOBBY JONES. Américain. À sa naissance, en 1902, les médecins ne lui donnaient guère de chance de survie : la tête était trop grosse par rapport au corps, et les jambes trop faibles. Avec acharnement, il deviendra le génie golfique du siècle, le plus grand des golfeurs amateurs. En 1930, à 28 ans, il gagne la même année l'US Open, le British Open, l'US Amateur et le British Amateur.

Seconde rangée, de gauche à droite :

WALTER HAGEN. Américain (né en 1892). Premier « ambassadeur » du golf professionnel. Gagna l'US Open en 1914 et 1919, et quatre fois le British Open.

GEORGE DUNCAN. Britannique (né en 1893). Vainqueur du British Open en 1920. Sélectionné pour la Ryder Cup en 1927, 1929 et 1931, il en fut le capitaine en 1929.

ABE MITCHELL. Britannique (né en 1887). On lui doit le premier livre sérieux de technique golfique traduit en français. Sa réputation sur les études du golf est universellement établie.

HENRY COTTON. Britannique (1907-1987). Il devint professionnel à 17 ans et fit une carrière golfique de près de quarante ans. Architecte de nombreux parcours en Grande-Bretagne et sur le continent.

Cartes à jouer. DR.

J. H. TAYLOR

TOMMY ARMOUR

BOBBY JONES

GEORGE DUNCAN

ABE MITCHELL

HENRY COTTON

Au paradis, saint Pierre fait une partie de golf avec Dieu le Père. La partie démarre très fort : au premier trou, l'un fait un eagle et l'autre un albatros. Au deux, encore mieux, un trou-en-un pour saint Pierre et un autre pour Dieu le Père. Au trois, même topo. Au quatre, Dieu traverse tout simplement un obstacle d'eau en marchant dessus et saint Pierre enquille un putt sur une sortie de bunker. En marchant vers le cinq, Dieu se penche vers saint Pierre et lui dit : « si on arrêtait les miracles, on pourrait peut-être commencer à jouer au golf ! »

Si vous voulez battre quelqu'un au golf, mettez-le simplement en colère.

*Dave Williams
joueur professionnel*

Extrait des Cent Métiers de Bécassine, *de Caumery et J.-P. Pinchon.
© Gautier-Languereau, 1920.*

LES DANGERS DE LA FALAISE

Un junior français très doué part faire un stage de golf dans une université américaine. À l'aéroport sur le tapis roulant des bagages, un autre sac de golf arrive juste derrière le sien. Son propriétaire engage la conversation et lui demande où il joue, avec quel handicap, etc. Le jeunot se rengorge, répond qu'il est un espoir du golf français et qu'il joue 6. « Et vous, combien jouez-vous ? demande-t-il à l'américain. — Oh, moi je joue scratch, dit-il, le golf n'est qu'un hobby pour moi, mon vrai métier c'est le football ! »

Dessins de Martin Branner. « Perry Winkle ».
© 1920-1926, Chicago Tribune, Inc., New York, News Syndicate.

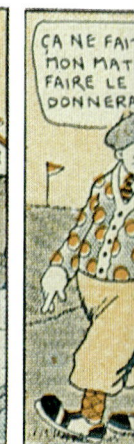

BICOT, président de club
ET LE RECORDMAN DE GOLF

Première rangée, de gauche à droite :

DEUX DE TRÈFLE : — C'est pour jouer au golf que vous faites la queue ? ! ! Je croyais que c'était l'ouverture d'un supermarché ou quelque chose de ce genre.

DEUX DE CŒUR : Épitaphe :
Ci-gît le golfeur Whitaker
De son drive il était si fier !
Désormais comme un exécrable putter
Il souffrira mille maux en enfer...

DAME DE TRÈFLE : — Tu t'es fait un « birdie » aujourd'hui ? Ce que tu es cruel ! (Birdie : petit oiseau).

DEUX DE CARREAU : — Oui mon chéri, ... tu es au 19ᵉ trou et... tu ne rentreras qu'après quelques bons coups...
(Le bar du club-house est souvent appelé le 19ᵉ trou.)

SEPT DE TRÈFLE : — Oh pardon, pardon ! Je suis désolé !

Seconde rangée, de gauche à droite :

SIX DE CŒUR : — Bravo ! C'est beaucoup mieux !

SIX DE PIQUE : — 171... 172... 173...

SIX DE CARREAU : — J'ai dit à ma femme que j'allais faire un tour au golf, mais je n'ai pas dit où !

SIX DE TRÈFLE : Sans légende.

VALET DE CARREAU : Sun-Fun. Golf-Club du camp de nudistes :
— J'attends que l'un d'entre eux sorte pour ramasser une balle hors-limites !

Cartes à jouer. DR.

Le golf, c'est une belle promenade gâchée par une petite balle blanche.
Mark Twain
écrivain et humoriste

Les Pieds

Dessins de René Pellos.
© Éditions Vent d'Ouest.

Nickelés...

1. Il leur fallut 24 heures pour découvrir le moyen susceptible de faire gagner Croquignol.

2. Ils le trouvèrent, enfin.
— Allons faire l'achat des bidules.
— Et cette nuit on aménagera le terrain.

3. — Il y a tout ce qu'il nous faut dans cette boutique.
— Ça colle ! Des accus, des aspirateurs, des tuyaux...

4. Ils se firent ensuite conduire en taxi à proximité du terrain de golf totalement désert à cette heure.

5. Ils avaient également emporté avec eux une pelle et une pioche.
— Ce sont ces six trous qui sont les plus difficiles.
— À chacun on va faire une tranchée d'une dizaine de mètres...

6. ...et y placer un tuyau dont une extrémité débouchera au fond du trou et l'autre émergera légèrement d'une façon invisible au point choisi.

7. Ils bouchèrent ensuite les tranchées avec tant d'habileté que le travail réalisé était invisible.
— On y voit "que pouic" !
— Pour du bon boulot, c'est du bon boulot !
— Surtout s'il rapporte trois millions !

8. Après un repos réparateur, le lendemain, ils se rendirent sur place. Ribouldingue et Filochard portaient chacun un gros étui de toile garni de clubs au fond duquel étaient dissimulés un accu et un aspirateur.

Un clergyman, golfeur acharné ayant raté trois fois des putts de moins de 50 centimètres, se redresse vers le ciel découragé et plein de reproches en disant : « doux Jésus, à quoi bon travailler à son salut si on rate des putts de 10 centimètres ! »

Ce n'est pas nouveau ou original de dire que le golf se joue un coup à la fois, mais il m'a fallu beaucoup de coups pour le comprendre.

Bobby Jones
joueur professionel

Le golf, c'est 90 % d'inspiration et 10 % de transpiration.

Johnny Miller
joueur professionnel

Page de droite :
Le rêve du golfeur.

Dessins de George Houghton, extraits de Golf Addicts on Parade, *Country Life Ltd*, Londres, 1959. DR.
Page de droite : dessin reproduit avec l'autorisation de Punch.

« Faut-il que je sois parrainé par un membre ? »

« Tu vas voir qu'il va rater son putt, et c'est moi qui vais prendre ! »

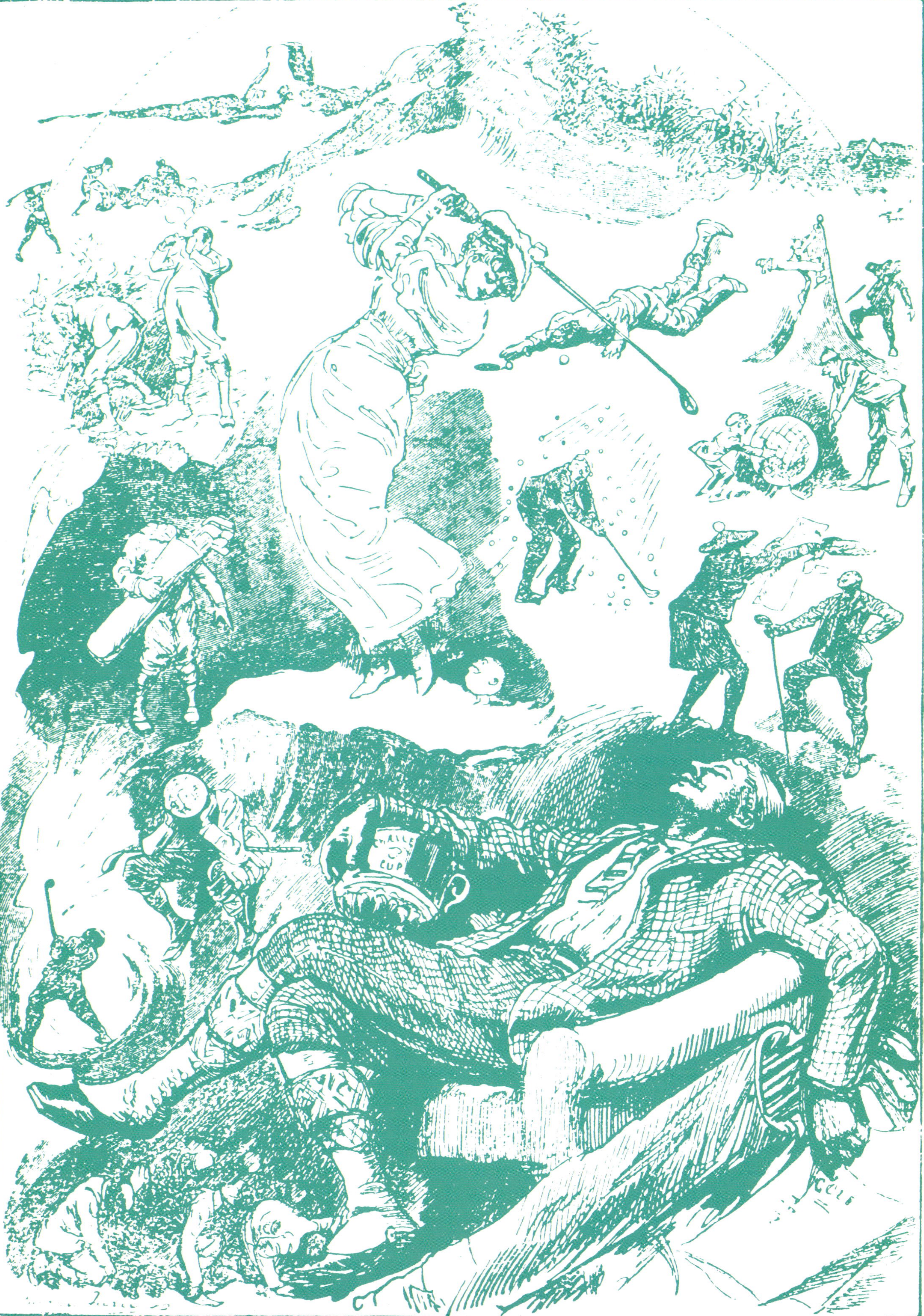
CUP

REMISE DE COUPE

IL REÇOIT SA PREMIÈRE COUPE
DE GOLF...
— Mon cher Président, les mots sont
impuissants à exprimer la profonde
gratitude, etc., etc.
— M. Noblo, en tant que président
de ce club, j'ai le très grand plaisir, etc.
— Un banc pour Jim Noblo ! Un discours,
un discours !

SA DEUXIÈME COUPE
— Eh bien ! pour une surprise... Merci
beaucoup !
— Voici la coupe que vous avez gagnée
aujourd'hui, Noblo. Félicitations !
— Blablabla...
— Oui, c'est bien ce que je pense...

SA TROISIÈME...
— OK, John, envoie...
— Tiens, v'là ta coupe, Jim !

ET...
— Qu'est-ce qui te tracasse mon vieux ?
— Dis donc Jim, il y avait quelque chose
dont je voulais te parler... Je ne me
rappelle plus ce que c'était...

SA QUATRIÈME
— (bâillant) Oh, c'est vrai, merci, au fait...
— (bâillant aussi) Ah oui, j'oubliais, tu as
gagné la coupe, aujourd'hui !

*Planche extraite de Golf, par Clare Briggs,
P. F. Volland and Co, Chicago. DR.*

AS THE OF THIS ME ETC
THREE CHEERS FOR JIM NOBLO
SPEECH
SPEECH
IS THE CUP WON TODAY
S-SS:
YE -AH THA'S WHAT I THINK
HERE'S A CUP FOR YA JIM
SAY JIM THERE WAS SOMETHING I WANTED TO SPEAK TO YOU ABOUT— I CAN'T THINK- WHAT -IT- WAS—
OH YES— YOU WON THE CUP TODAY
Briggs

Les mortels : hommes, femmes et... chiens

Le golf étant un jeu d'adresse, il était normal qu'il devienne rapidement un sport mixte : les femmes y jouent aujourd'hui autant et aussi bien que les hommes. Mais à ses origines, pourtant pas si lointaines, le golf a été nettement plus machiste. Au début, les parcours étaient interdits aux chiens... et aux femmes !

Plus tard, elles n'avaient le droit de jouer qu'à certaines heures (à la tombée de la nuit !) et seulement si le parcours était libre. On construira par la suite de petits parcours plus faciles ainsi que des club-houses réservés exclusivement aux femmes, sur le modèle de certains clubs anglais.

Couverture de Golf Addicts on Parade *(« La Parade des drogués du golf »), de George Houghton. © Country Life Ltd, Londres, 1959. DR.*

Golf Addicts on Parade

George Houghton

Si vous voulez jeter votre club par terre, jetez-le loin devant vous sur le fairway : ainsi vous ne gaspillerez pas votre énergie pour retourner le ramasser.

Tommy Bolt
joueur professionnel

Page de gauche en haut :

— Alors, mon chéri, ton oncle t'a-t-il appris à jouer au golf ?
— Oh ouais, Tatie ! Vachement, eh !

Page de gauche en bas :

— Ne me regarde pas comme ça. Tu me rends nerveux !

Page de droite à gauche :

— Râle pas ! Prends ton sandwedge !

Page de droite à droite :

— Nous avons bien neuf trous dans le salon, mais ce ne sont que des dessins !

Cartes postales. DR.

DON'T CUSS - USE YOUR NIBLICK!

Raymond BAËRT, pseudonyme de Raymond Bollaërt (1883 – mort au champ d'honneur en 1918). Peintre, illustrateur et affichiste français. En 1913, il écrit et illustre *Dupont, champion de golf*, premier livre humoristique français sur le golf.

DUPONT

CHAMPION

de

GOLF

L'ÉDITION MODERNE o
o o LIBRAIRIE AMBERT
47, rue de Berri — PARIS

Un débutant, vaguement initié au golf, entre au bar harassé après sa partie. Le barman, aimable, lui demande :
« Alors, monsieur, comment cela a marché aujourd'hui ?
— Très bien, lui répond le débutant, je n'ai perdu que cinq balles. »
Entre un autre débutant visiblement content de sa partie.
« Et vous, monsieur, comment cela a été aujourd'hui, dit le barman.
— Très bien, lui dit l'autre, je n'ai perdu que trois clubs ! »

Dessins extraits du livre de Raymond Baërt, Dupont, champion de golf *(1913).*

Comment on vous retourne un homme
ou
un secrétaire connaissant son métier.

Vif étonnement de M. Dupont et de sa famille, en n'apercevant pas la mer.
« Alors, où est-il le Golfe ? »

... et trois !

Aïe !

Conscience.

Minuit...
Fichez-moi la paix ! je n'en sortirai qu'après ma balle !

Le golf est le seul sport où un joueur paye chacune de ses erreurs. On peut toujours rater un service au tennis, manquer un coup au base-ball ou faire une passe incomplète au football, et se rattraper par la suite. Au golf, chaque swing vous est durement compté.

*Lloyd Mangrum
joueur professionnel*

Adolphe-Léon Willette (1857-1926), peintre, dessinateur et écrivain français. Fonde en 1910 la revue *L'Humoriste* et collabore au *Chat Noir* et au *Rire*.

THE GOLFER.
You stalk all day around the green
In every spot where you'll be seen,
And the way you strive to hit the ball
Makes you the laughing stock of all.

Page de gauche :

Le golfeur
Autour du green, toute la journée,
De deux bunkers tout ensablés,
Vous voudriez sortir vot'balle ;
Vous essayez, mais c'est peau d'balle !

Page de droite :

Énergumène golfique.

*Page de gauche : Carte postale. DR.
Page de droite : Dessin de Gary Patterson. DR.*

RAMPAGE

Une golfeuse très bigote demandait au curé de sa paroisse s'il y avait un golf au paradis. Le curé très ennuyé lui dit qu'il l'ignorait mais qu'il allait se renseigner. Après quelques jours, il revoit la bigote et lui dit : « J'ai deux nouvelles pour vous, une bonne et une mauvaise. La bonne, c'est qu'il y a effectivement un golf au paradis ; la mauvaise, c'est que vous y avez un départ demain matin à 9 heures ! »

Page de gauche :
L'amoureux du golf.

Page de droite :
— Jouez-vous au golf, Miss Gladeye ?
— Non, mais je connais de merveilleux jeux d'intérieur.

Page de gauche. Dessin de Gary Patterson. DR.
Page de droite : Carte postale. DR.

Do you play Golf, Miss Gladeye?
No — but I know some nice indoor games.

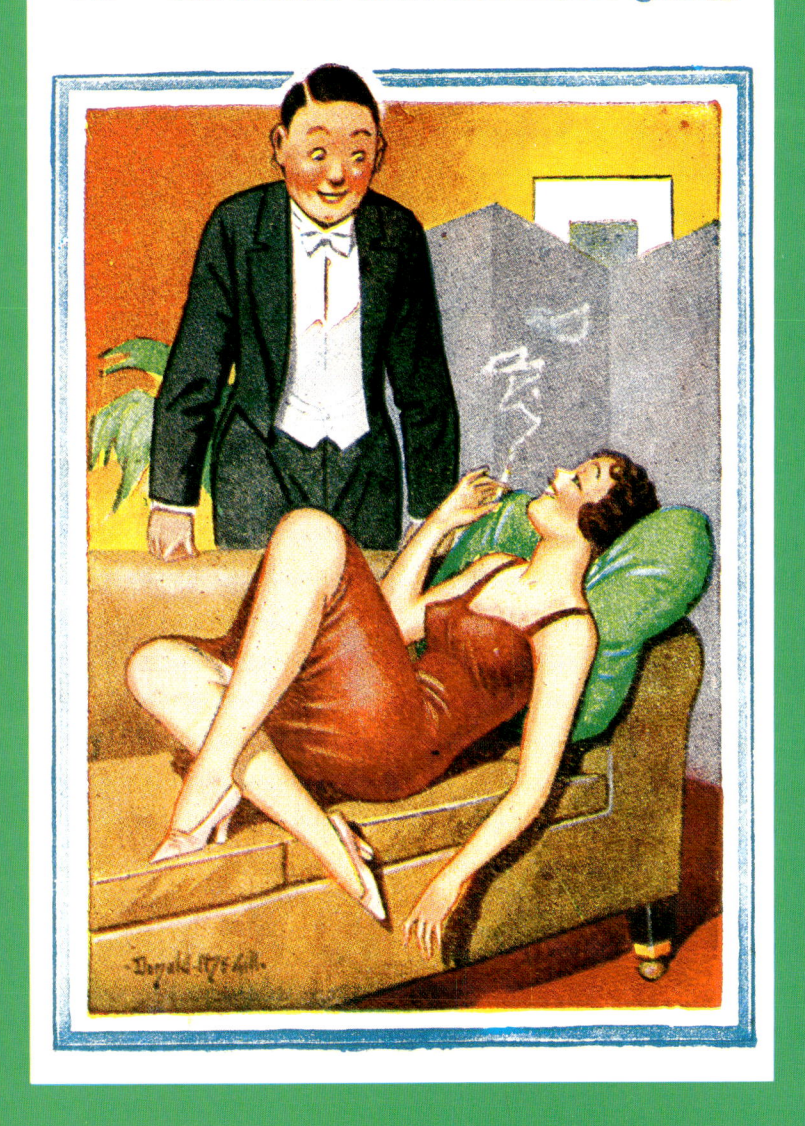

GARY PATTERSON

Un golfeur emmena un jour son épouse, non joueuse, à son club, alors qu'il faisait sa partie dominicale. Sa femme se laissa entraîner par quelques membres sur un petit parcours dont le green du dernier trou se trouvait juste devant la terrasse du club. Notre jeune golfeuse, dont c'était le premier parcours, drive ; sa balle s'élève, touche l'avant-green, roule... roule... pour venir mourir dans le trou au vu de toute l'assistance. Éclatement de joie et congratulation de la jeune femme, à qui l'on fait savoir qu'en pareille circonstance on offre le champagne à toutes les personnes présentes. Sitôt dit sitôt commandé et, pour une telle occasion, le Dom Pérignon coula à flots. Le mari arriva après ses 18 trous, on lui offrit le champagne pour fêter un trou-en-un. Il ne savait pas qu'il s'agissait de sa femme jusqu'au moment où le barman lui apporta la note...
Il paya sa dette fractionnée sur un an et n'amena plus jamais sa femme !

Dessin de Saxon.
© 1971, The New Yorker Magazine, Inc.

3

4

8

9

10

Pour la plupart des amateurs, le meilleur bois dans leur sac, c'est leur crayon.

Chi Chi Rodriguez
joueur professionnel

Page de gauche en haut :
Dormy Six.

Page de gauche en bas :
Des lapins, je suppose ?

Page de droite :
Bob fait du sport : le golf.

Cartes postales. DR.

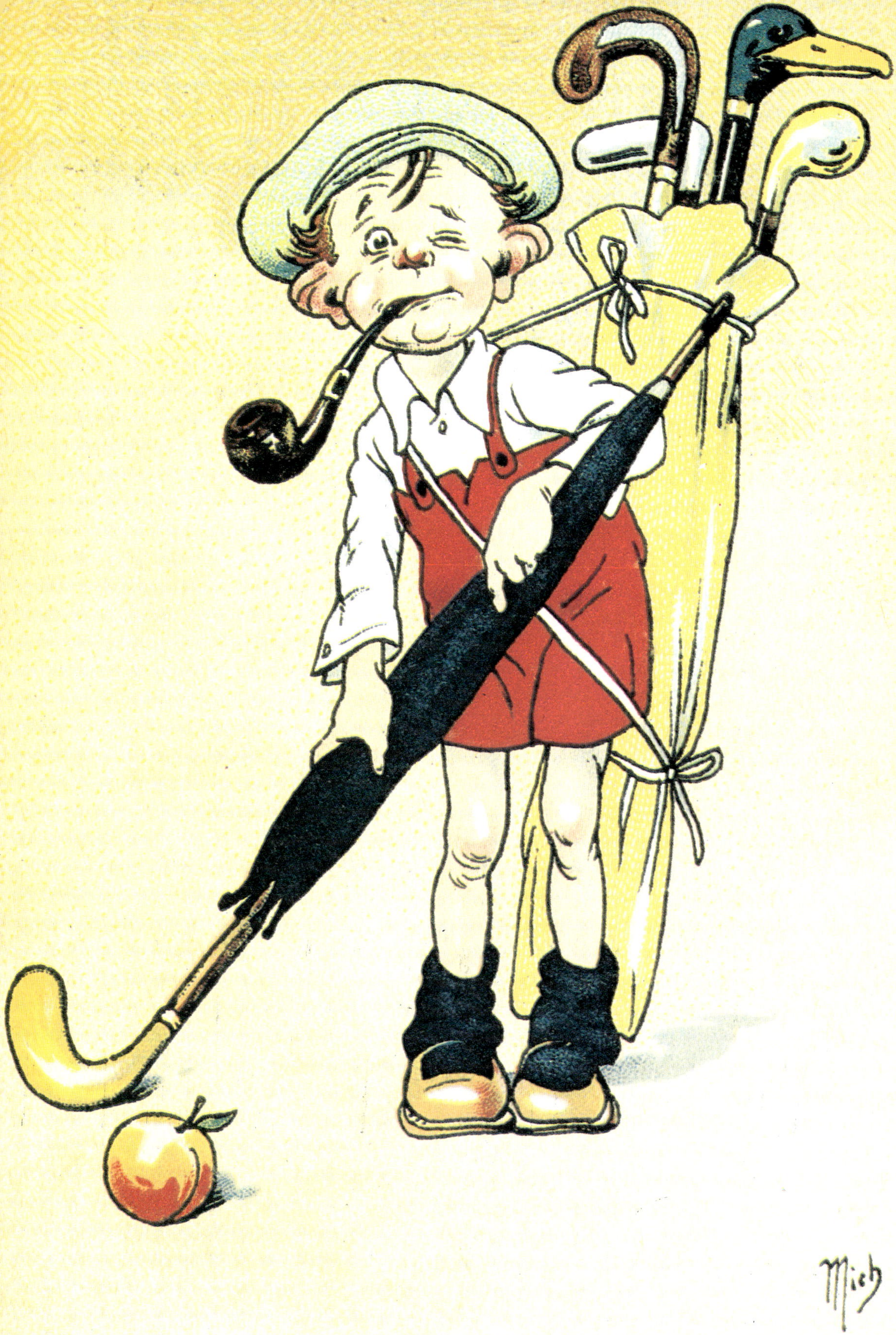
Mich

À l'approche, choisir
son club c'est comme
choisir une femme :
c'est différent
à chaque coup !

Ben Hogan
joueur professionnel

Collection Alain R. Bocquet. DR.

20
t Golf Club.

Page de gauche : planche signée Red, extraite de la Revue illustrée des Golfs du continent. DR. Page de droite : © Helbé.

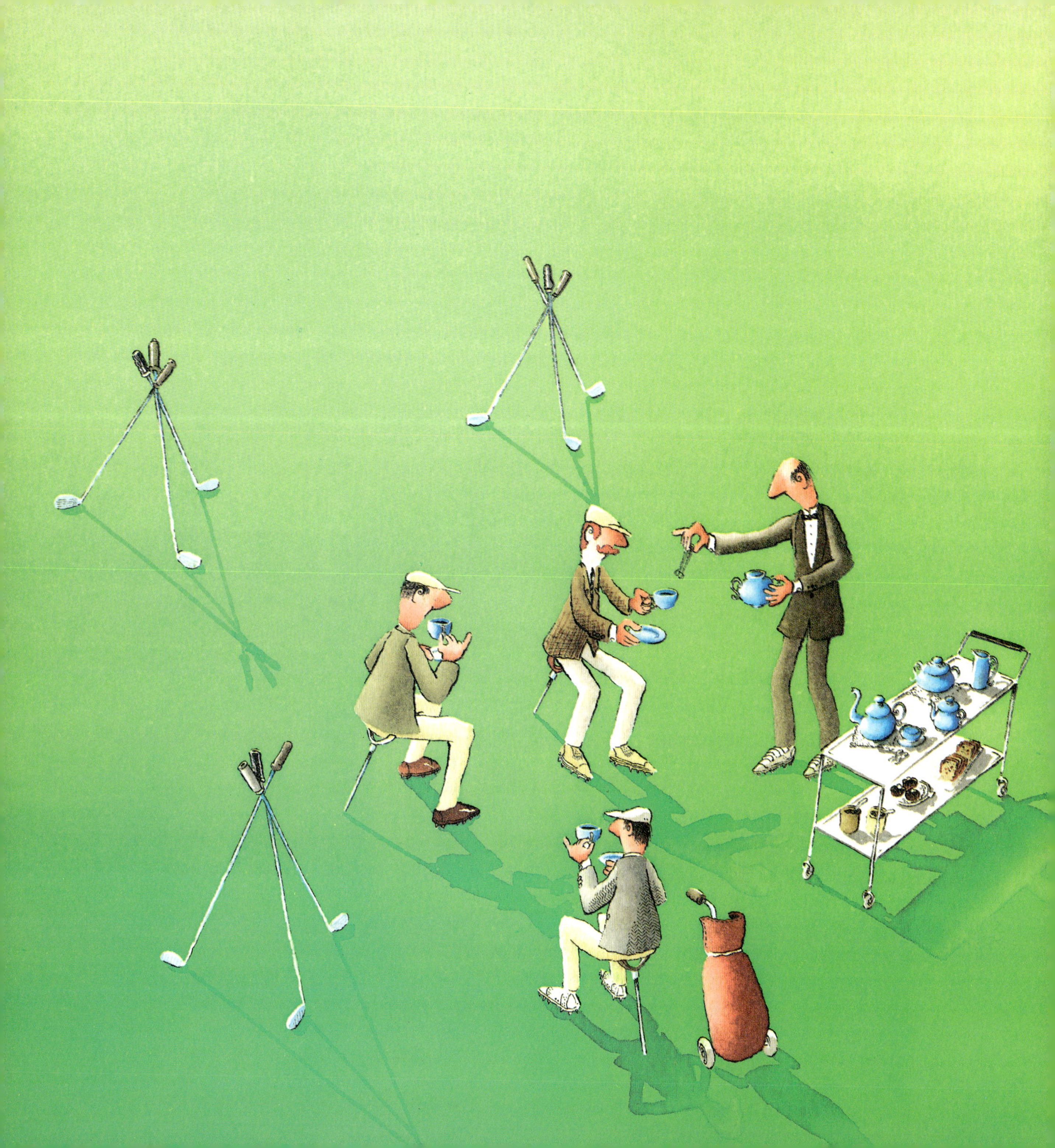

S'il y a une trace de malhonnêteté chez un homme, le golf la révélera.

Paul Gallico
chroniqueur sportif

Le golf est un vice dans la jeunesse et une pénitence dans la vieillesse.

Irvin Cobb
humoriste

Dessins de Minouvis, extraits de la Revue illustrée des Golfs du continent. *DR.*

Le Monsieur qui joue au Golf....

... par Sport

... pour les bons diners du Club.

... par

... pour maigrir

... pour embêter sa femme

Pourquoi... jouent-elles au Golf?..

par Sport...

pour le petit béret...

par raison.

pour conserver sa sveltesse...

pour le Champion...

Si vous regardez une partie de golf c'est amusant, si vous y jouez c'est délassant, si vous vous y mettez sérieusement, c'est du golf !

Bob Hope
comédien

Page de gauche :
Elle : Culotté !
Lui : Non, déculotté !

Page de droite :
Au golf
Lui : Que dit-elle ?... Je lui ai fait mal ?...
Elle : Ce n'est rien, Monsieur Guy, mais ne vous trompez plus de trou !...

Cartes postales. DR.

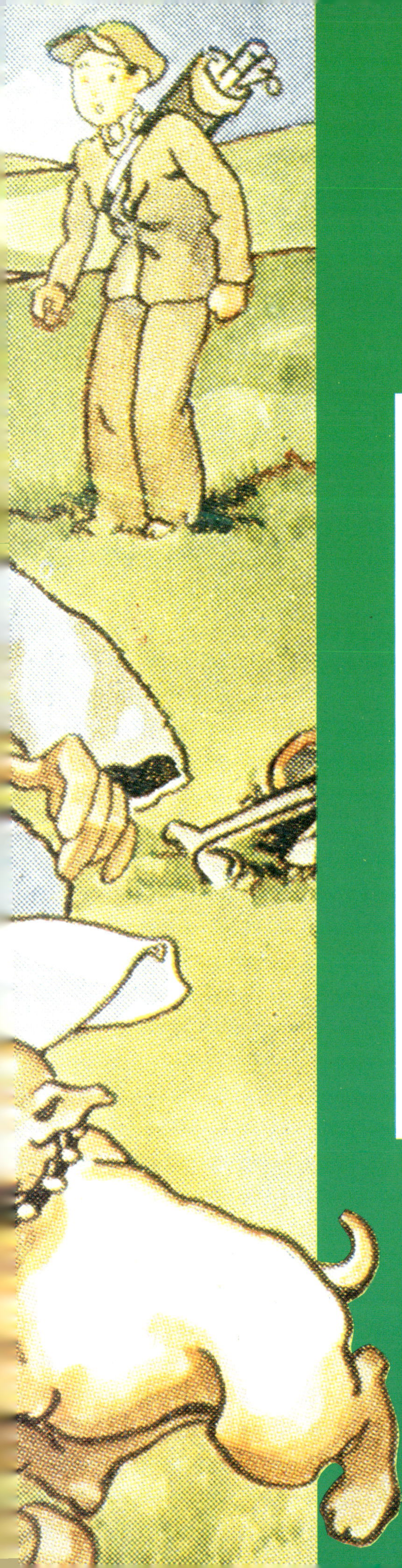

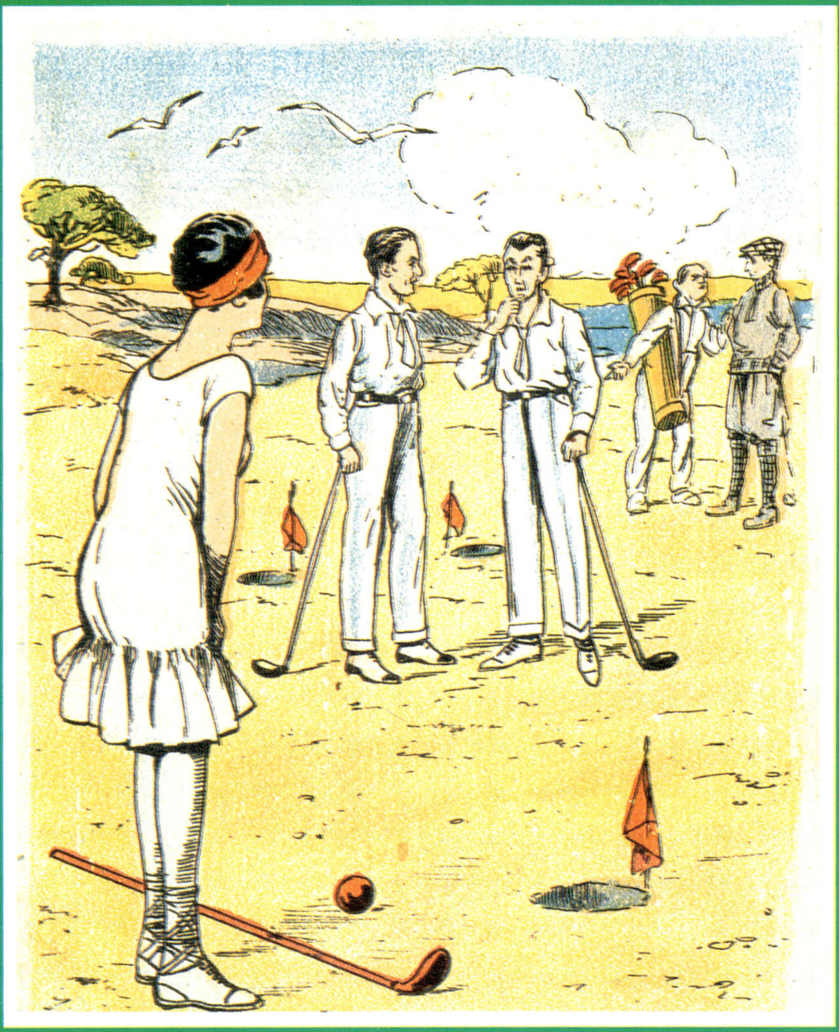

Deux amies se font leurs confidences au vestiaire du club.
« Tu sais, dit l'une, je crois bien que mon mari m'a quittée définitivement.
— Mais non, dit l'autre, chaque fois qu'il est parti, il est revenu.
— Oui, c'est vrai, dit la première, mais cette fois-ci il a emporté ses clubs de golf... »

Le golf est comme une liaison amoureuse : si vous ne la prenez pas au sérieux, ce n'est pas amusant et si vous la prenez trop au sérieux, elle vous brise le cœur.

Couverture de Golf, par Clare Briggs, P. F. Volland and Co., Chicago. DR.

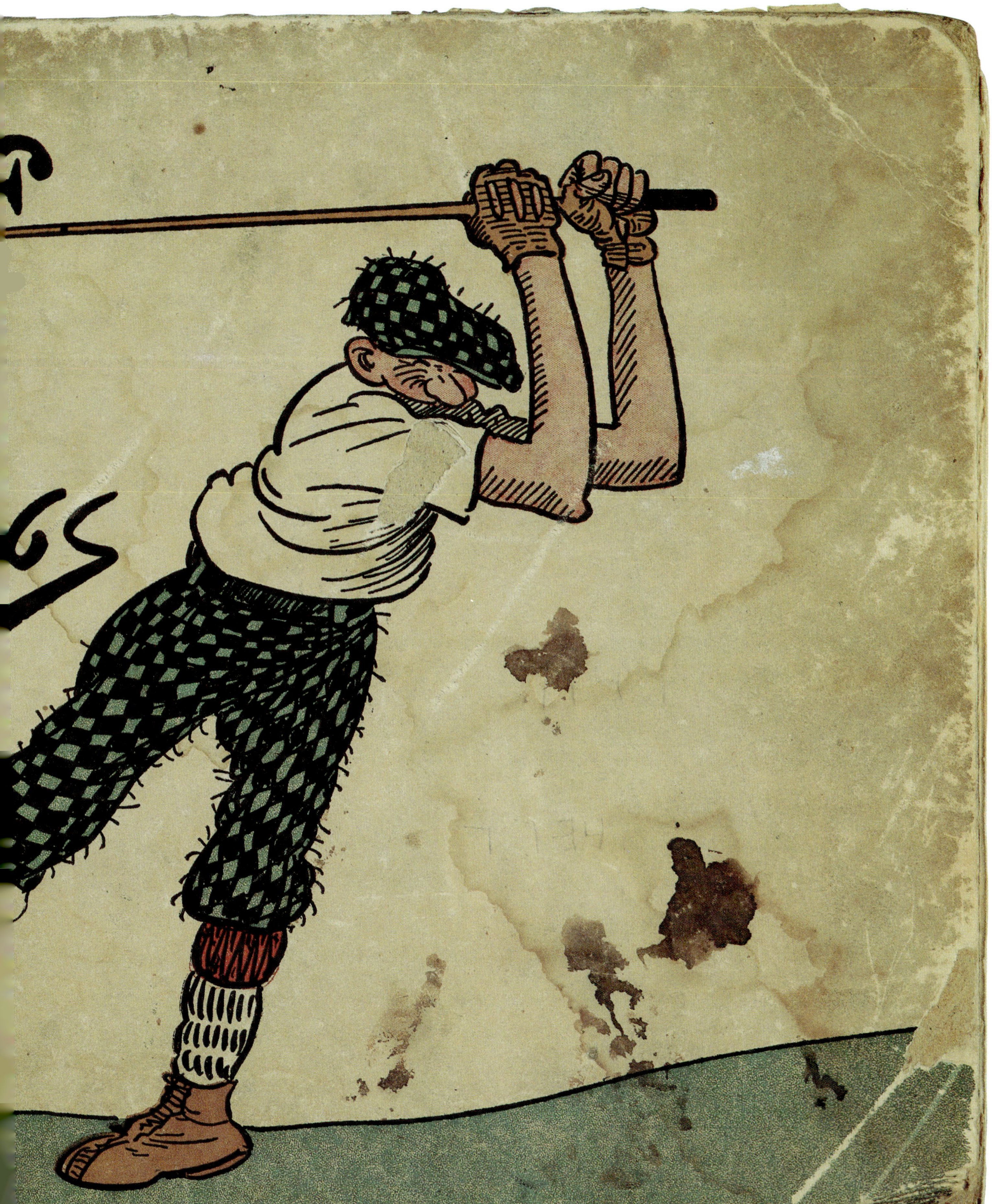

**DE LA DIFFICULTÉ
DE SE CONCENTRER SUR LA BALLE**

1 — Est-ce que je garde la vieille, ou est-ce que je m'en paye une belle toute neuve ?
2 — Son propriétaire : « s'il peut jouer au golf, il peut payer son loyer… »
3 — Son patron : « sa femme me dit qu'il est malade, mais je parie qu'il est au golf. »
4 — Cotisations du club.
5 — Maison à construire.
6 — « Il dépense de l'argent au golf, je ne vois pas pourquoi il ne payerait pas son charbon… »
7 — Redressement d'impôts.

Planche extraite de Golf, par Clare Briggs, P. F. Volland and Co., Chicago, DR.

HOUSE TO BUILD
⑤
HE SPENDS MONEY ON GOLF I DONT SEE WHY HE DON'T PAY HIS COAL BILL
⑥
TAXES DUE
⑦
HOUSE ACCT.
50¢
5¢
10¢
BRIGGS
15

Le golf est un jeu où l'on tente désespérément de maîtriser une balle avec un matériel visiblement mal adapté.

Woodrow Wilson
27ᵉ président des États-Unis

LE GOLF FAIT OUBLIER SES SOUCIS

De gauche à droite et de haut en bas :
— La guerre, c'est la guerre !
— Mon Dieu, la bourse !
— Essence, taxes, impôts, factures...
— Le caddy : superbe drive, Monsieur, vous êtes certainement sur le green !...

Planche extraite de The Duffer's Handbook of Golf, de Grantland Rice et Clare Briggs, The Macmillan Company, New York, 1926.

"OW!!"

THAT WAS A DANDY DRIVE SIR. I THINK YOU'RE ON THE GREEN

PERDRE SON SWING, UN VRAI SUJET D'INQUIÉTUDE

1 — Papa a l'air bizarre ces jours-ci.
2 — Le pauvre, il doit avoir des soucis d'affaires...
3 — Il a un comportement si étrange...
4 — J'espère qu'il ne pense pas au suicide.
5 — Soit c'est une rage de dents, soit il a perdu un million de dollars.
6 — Hourra ! J'ai retrouvé mon swing ! Je croyais l'avoir perdu ! J'ai fait 84 aujourd'hui !

Planche extraite de Golf, par Clare Briggs, P. F. Volland and Co., Chicago. DR.

POOR DEAR- HE HAS A LOT OF BUSINESS WORRIES
HE GOES THROUGH SUCH STRANGE ANTICS
HE IS EITHER SUFFERING FROM TOOTHACHE OR HAS LOST A MILLION DOLLARS
HOO-RAY! I'VE GOT MY OLD SWING BACK- I THOUGHT I'D LOST IT- I MADE AN 84 TODAY
BRIGGS

Page de gauche :

Détails de la planche
Le Cauchemar du golf.

Page de droite :

Couverture de *Punch.*

Dessins reproduits avec l'autorisation de Punch.

PUNCH
1923
1/-

SUMMER NUMBER

Les pleureuses : les « veuves » du golf

On distingue trois catégories de golfeuses : la femme golfeuse non mariée ; la femme golfeuse mariée à un golfeur ; la femme non golfeuse mariée à un golfeur. Cette dernière n'a qu'une alternative : jouer ou attendre son mari. On a appelé celles qui attendent trop longtemps les « veuves » du golf.

Page de gauche en haut :

Franchement, madame, votre réaction me paraît exagérée. Un fer 7 aurait très bien fait l'affaire.

Page de gauche en bas :

Pauvre vieux, après le divorce, c'est sa femme qui a eu la garde des clubs.

Page de droite :

Ma femme me dit que si je n'arrête pas le golf, elle fait la grève du sexe... Mais qu'est-ce que c'est que c'truc là ?

Dessins de Noel Ford, extraits de Golf Widows, A survival Course, *reproduits avec l'aimable autorisation de Angus & Robertson (UK) Publishers.*

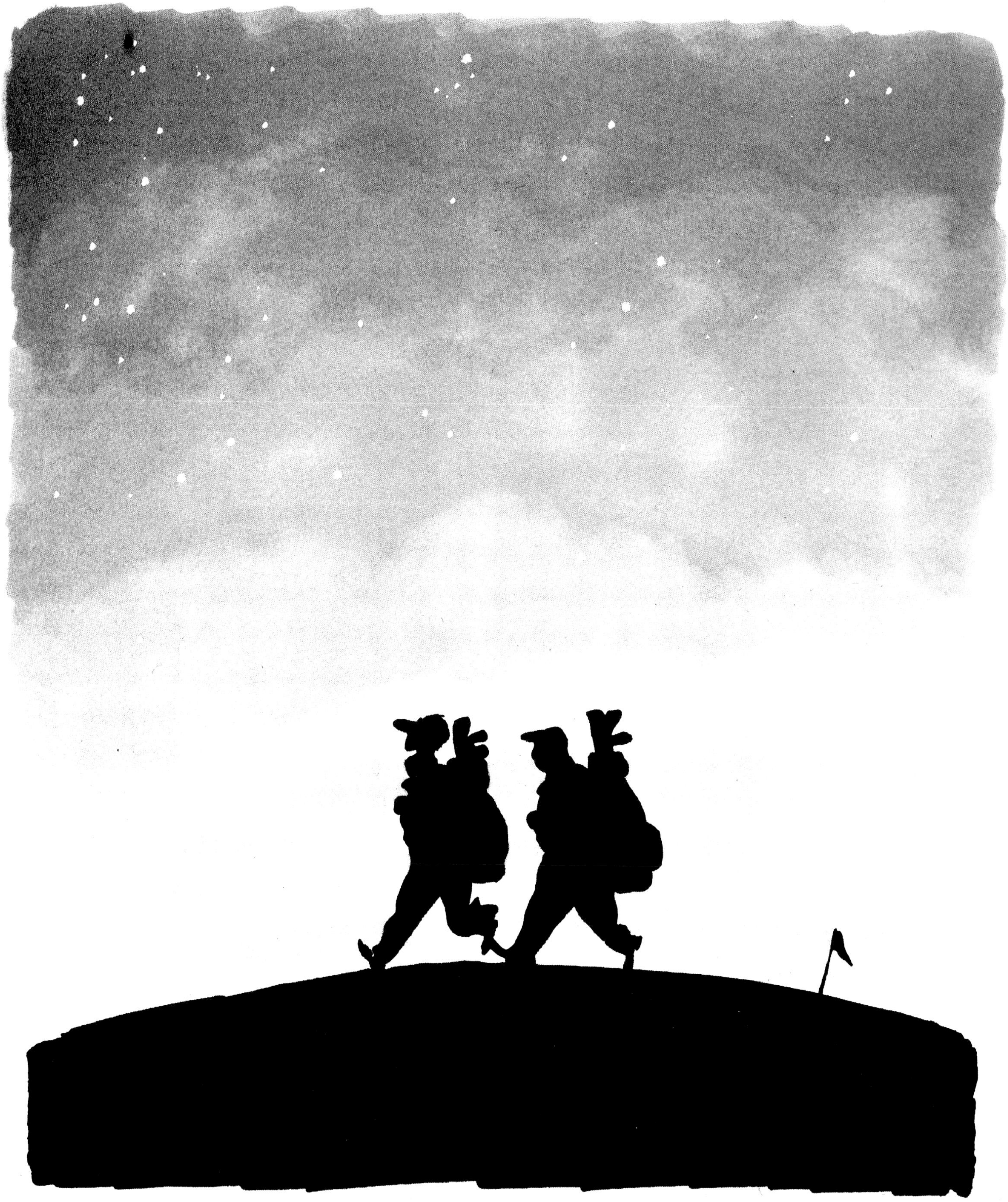

Le golf n'est pas comme ces autres sports où le joueur peut sortir toutes ses tripes contre son adversaire. Au golf, c'est vous contre vos clubs.

Bob Rosburg
joueur professionnel

"The message in the bottle … it got through!"

En haut de gauche à droite :

La bouteille à la mer… Ils l'ont trouvée !

… Et le seul jour de l'année où tu ne joues pas, tu sors toute la nuit, Dieu sait où !

S'il y a un club de golf dans l'au-delà, tu n'arriveras jamais à entrer en contact avec ton mari !

En bas de gauche, à droite :

Voilà nos femmes ! Vite, faisons semblant de regarder des revues porno !

Ton père vient de recevoir sa voiture de société. Au moins ce soir on ne parlera pas de golf au dîner !

Bonsoir, ma chérie, bonne journée ?... Une nouvelle robe, je vois...

Dessins de Noel Ford, extraits de Golf Widows, A Survival Course, reproduits avec l'autorisation de Angus & Robertson (UK), Publishers.

"Here come our wives! Quick, pretend to be looking at the Girlie-mags."

"... and the one day a year you aren't playing, you're out God knows where all night!"

"If there's a golf-club in the afterlife, you'll never get through to him."

"Your father's getting his company car today so at least tonight the main topic of conversation won't be golf!"

"Hello, dear ... had a nice day? ... new outfit, is it?"

Les oracles, les caddies et les pros

À notre époque où les machines et les robots ne remplacent pas toujours au mieux l'expérience humaine, il faut regretter la quasi-disparition des caddies. Souvent très jeunes, ils étaient — et sont toujours — comme les anges gardiens des golfeurs et leur présence amicale et sympathique, parfois compatissante, est irremplaçable. Les grands champions ne sont pas près de s'en passer...

Ci-dessus :

— Ça ne vous ennuierait pas de regarder ma balle, major MacDangle ?

Dessin ci-dessus. DR.
Page de droite : dessin de Frost, extrait de The Gulfer's Alphabet. © Charles E. Tuttle Publishing Co., Inc., Tokyo.

CHARLES E. TUTTLE CO.: PUBLISHERS

La nuit du 31 décembre 1936, un joueur sort de son club. À minuit moins cinq, il se met au départ du 1, drive et rentre sa balle en trois coups. Juste après minuit, il se met au départ du 18, drive et rentre sa balle en trois coups. Il revient radieux au club-house en annonçant qu'il vient de faire le meilleur score de sa vie. « Je suis sorti en 36 et rentré en 37 », proclame-t-il très fier.

Ce que certains trouvent dans la poésie ou dans les musées, moi, je le trouve dans un drive réussi : l'envol parfait de la balle blanche dans un ciel bleu, qui à vue d'œil devient de plus en plus petite pour arriver au zénith de sa courbe et qui plonge soudainement sur le green en roulant doucement vers le trou, exactement comme je l'avais voulu.

Arnold Palmer
joueur professionnel

L'ingénieux caddy

Planche de Minouvis, extraite de la Revue illustrée des Golfs du continent. *DR.*

L'ingénieux caddy

Gerald Ford, ancien président
des États-Unis, jouait un jour au golf
entouré d'une trentaine de personnes.
Un golfeur le croise
sur le parcours sans le reconnaître et,
très impressionné, demande
à un des suivants :
« Quel est ce champion si entouré,
et combien joue-t-il ?
— Oh, 36 ! fut la réponse.
— C'est curieux, murmura le joueur,
moi qui joue 3, je n'ai jamais été suivi
par autant de monde...
— C'est vrai, lui répondit l'autre,
mais lui, c'est le président
des États-Unis et nous sommes
ses gardes du corps. »

Collection Alain R. Bocquet. DR.

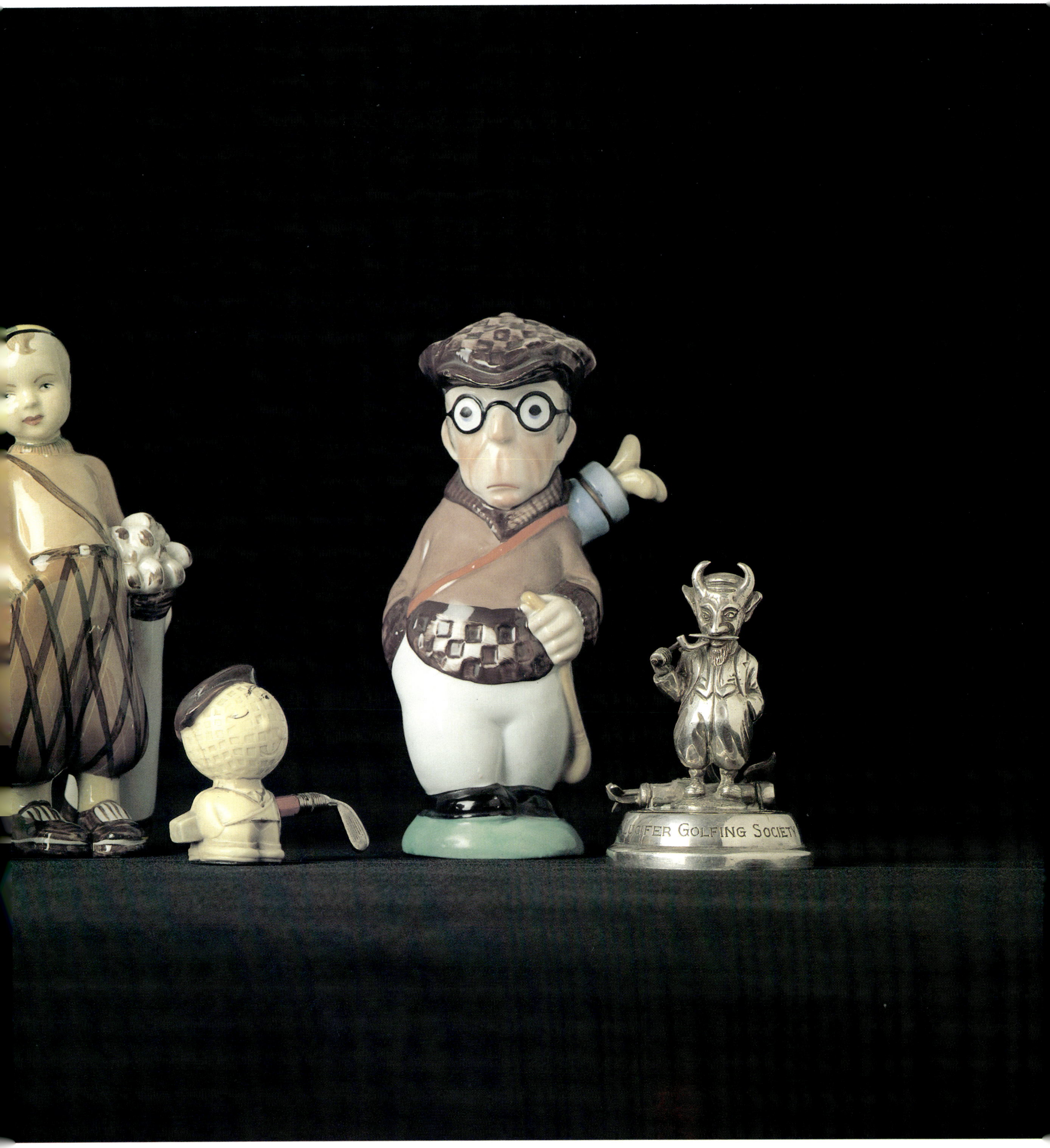
UCIFER GOLFING SOCIETY

Plus je vieillis, plus je me dis : « quel bon joueur j'ai été ! »

Lee Trevino
joueur professionnel

Ci-dessous :

dessin de Werner Lowenhardt.

Page de droite :

Couverture de *Candid Caddies*, de Charles Graves et Henry Langhurst, illustré par Bert Thomas

Page de gauche : © Spadem. 1991.
Page de droite : reproduite avec l'aimable autorisation de Duckworth, Londres.

CANDID CADDIES

by
CHARLES GRAVES
and
HENRY LONGHURST

Introduced
by
Bernard Darwin

Illustrated
by
Bert Thomas

Published by Duckworth – London W.C.2.

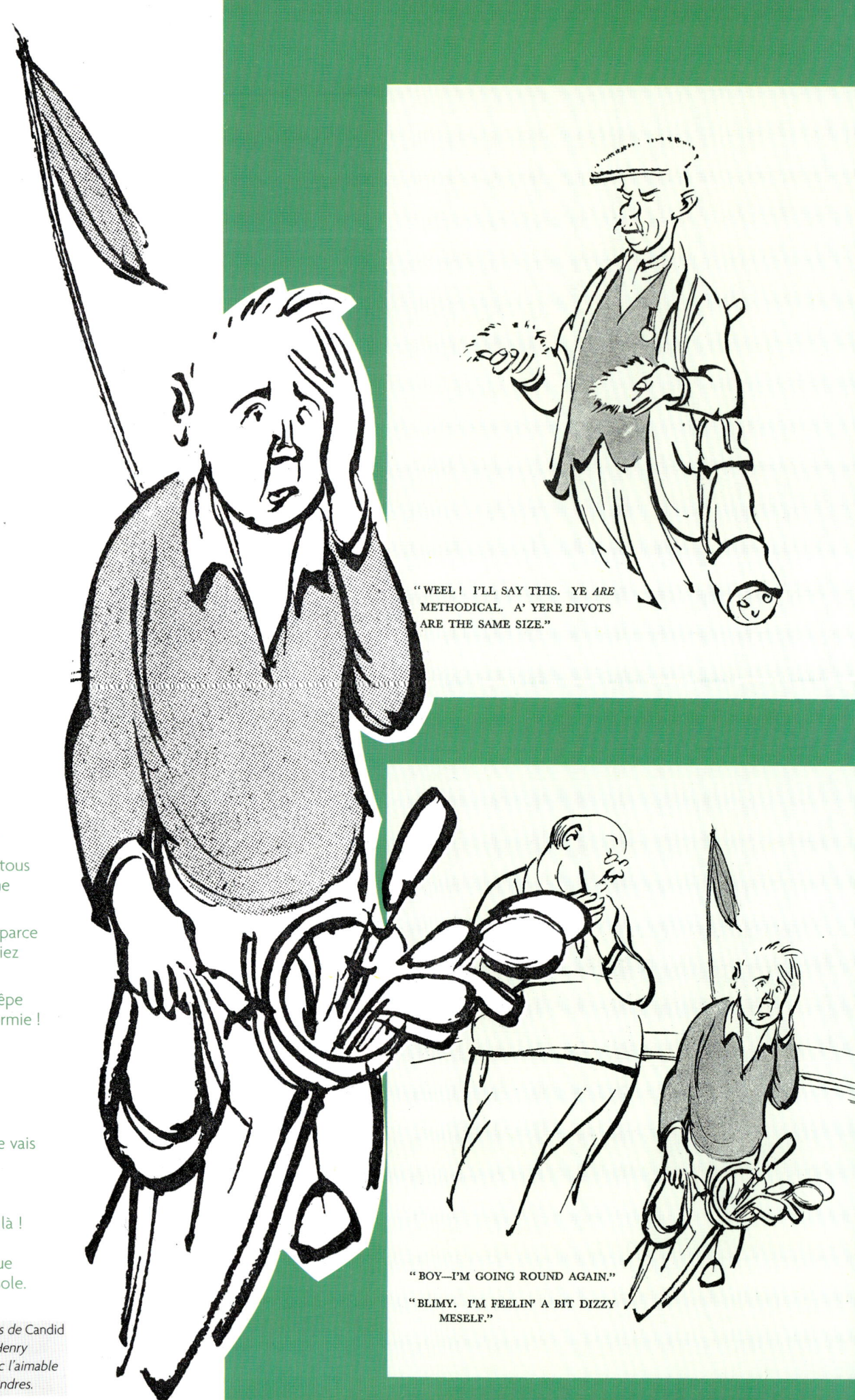

En haut, de gauche à droite :

Bravo ! Quelle régularité : tous vos divots sont de la même taille !

Je me suis éloigné un peu parce que je croyais que vous étiez en prières.

En effet, c'est bien une guêpe sur la balle. Elle s'est endormie !

En bas, de gauche à droite :

– Mon garçon, je rejoue encore un tour.

– Mon Dieu ! Je sens que je vais tourner de l'œil.

Madame, calmez-vous ! Rappelez-vous que je suis là !

Ce n'est pas ma montre que je regarde, c'est une boussole.

Dessins de Bert Thomas, extraits de Candid Caddies, *de Charles Graves et Henry Longhurst, 1935. Reproduits avec l'aimable l'autorisation de Duckworth, Londres.*

"WEEL! I'LL SAY THIS. YE *ARE* METHODICAL. A' YERE DIVOTS ARE THE SAME SIZE."

"BOY—I'M GOING ROUND AGAIN."

"BLIMY. I'M FEELIN' A BIT DIZZY MESELF."

"I TOOK ME 'AT ORF BECAUSE I THOUGHT YOU WAS PRAYIN'."

"THAT'S A WASP ON THE BALL ALL RIGHT—E'S GORN TO SLEEP."

"MADAM—RESTRAIN YOURSELF. REMEMBER *I* AM PRESENT."

"THIS AIN'T A WATCH I'M LOOKIN' AT—IT'S A COMPASS."

Jack Nicklaus joue un tournoi important lorsqu'un petit avion de tourisme, visiblement en difficulté, vient se « crasher » sur le green devant sa balle. Le caddy de Jack s'affole, se met à trembler de tous ses membres et devient blême. Mais Nicklaus, très calme, lui dit : « t'en fais pas, mon garçon, ce n'est pas un obstacle naturel, on peut donc droper sans pénalité ! »

— Alors, ton gros bonhomme a gagné le match... Qu'est-ce qu'il t'a donné ?
— Tu parles ! Un baiser !...

Dessins de Bert Thomas, extraits de Candid Caddies, *de Charles Graves et Henry Longhurst, reproduits avec l'aimable autorisation de Duckworth, Londres.*

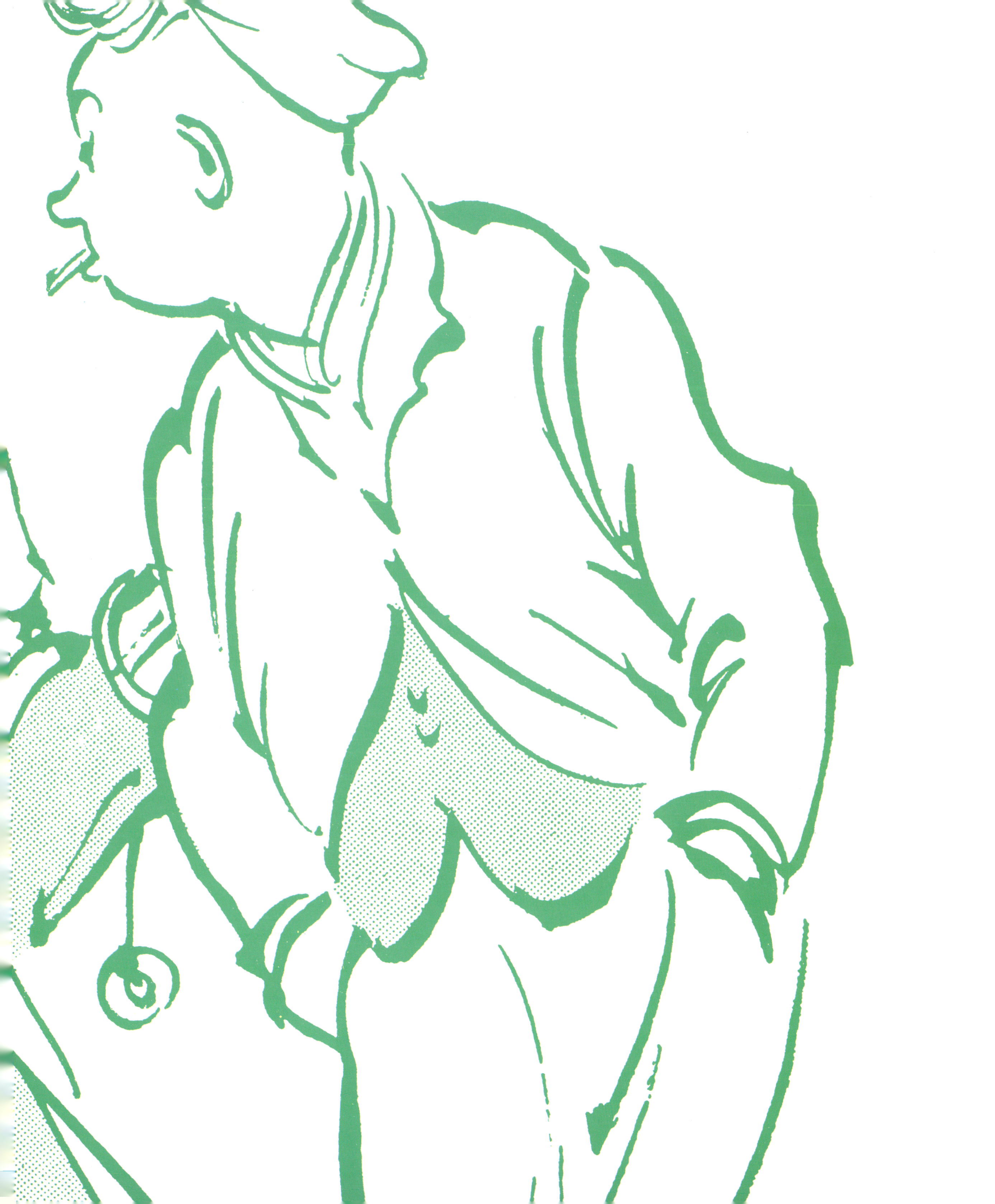

Un bon joueur, lors d'une compétition, drive au tee du 17, un long par 5 qui longe le local du caddy-master. Il lâche son coup et se retrouve en panne devant la porte ouverte de la cabane. Il arrive devant sa balle et, après quelques instants de réflexion, décide de se droper. Le caddy-master, qui le connaît bien, comprend le problème et lui dit : « Ne perdez pas un point bêtement, vous êtes très bon dans les approches et, regardez, en ouvrant la fenêtre du cabanon, on voit le green d'ici ; un bon chip, et vous êtes dessus. » Il opte pour cette solution et demande un fer 9 à sa femme qui lui sert de caddy ce jour-là. Il jauge le coup, se met à l'adresse et joue. Sa balle part, traverse la cabane, touche le montant de la fenêtre et revient frapper sa femme en pleine tempe : elle meurt sur le coup. L'année suivante, le même joueur se retrouve au même endroit dans la même position et le caddy-master lui propose, comme l'année précédente, d'ouvrir la fenêtre pour jouer le green. Et le joueur de répondre : « Ah non merci, l'année dernière sur cette solution, j'ai pris trois points de pénalité !... »

Histoire de Donald Grégoire

Collection Alain R. Bocquet. DR.

M.B
1931

Page de gauche :

Allons, il faut absolument se détendre !

Page de droite :

Le golfeur : Le golf est vraiment un sport d'agrément... qui peut bien prétendre le contraire ?
Le caddy : Moi !...

Page de gauche : dessin de George Houghton, extrait de Golf Addicts on Parade, *Country Life Ltd, Londres, 1959. DR. Page de droite : planche de Minouvis, extraite de la* Revue illustrée des Golfs du continent. *DR.*

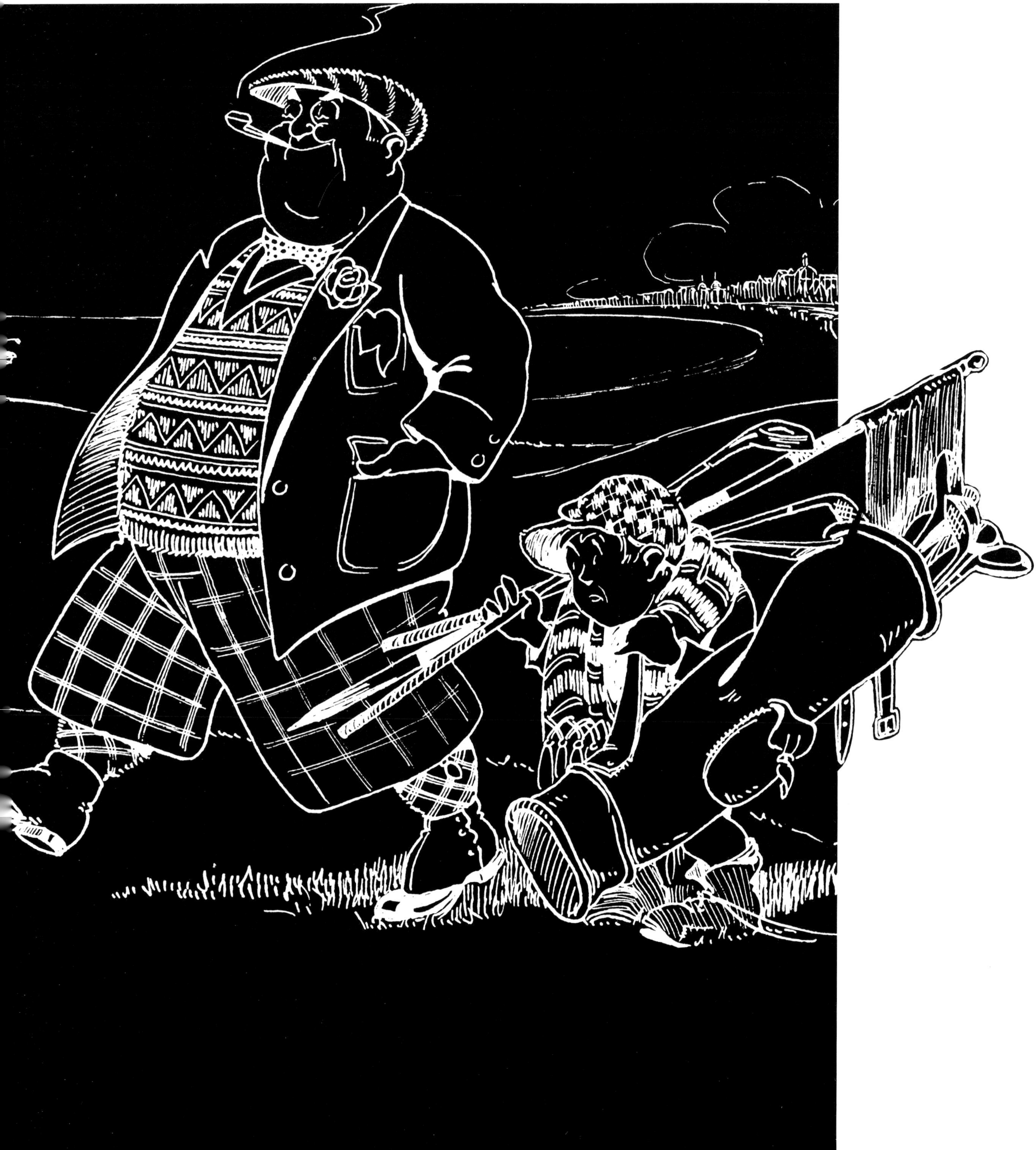

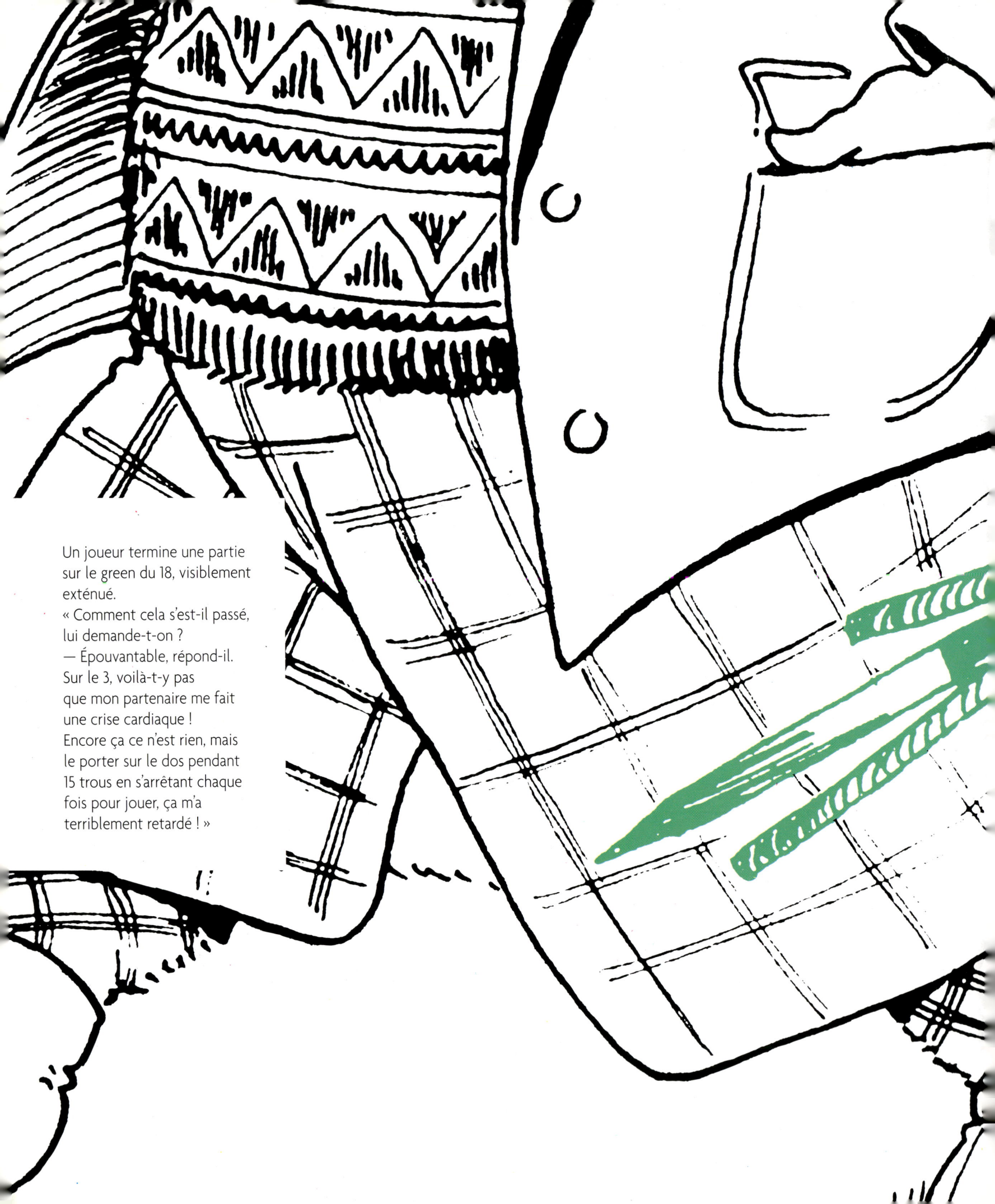

Un joueur termine une partie sur le green du 18, visiblement exténué.

« Comment cela s'est-il passé, lui demande-t-on ?

— Épouvantable, répond-il. Sur le 3, voilà-t-y pas que mon partenaire me fait une crise cardiaque ! Encore ça ce n'est rien, mais le porter sur le dos pendant 15 trous en s'arrêtant chaque fois pour jouer, ça m'a terriblement retardé ! »

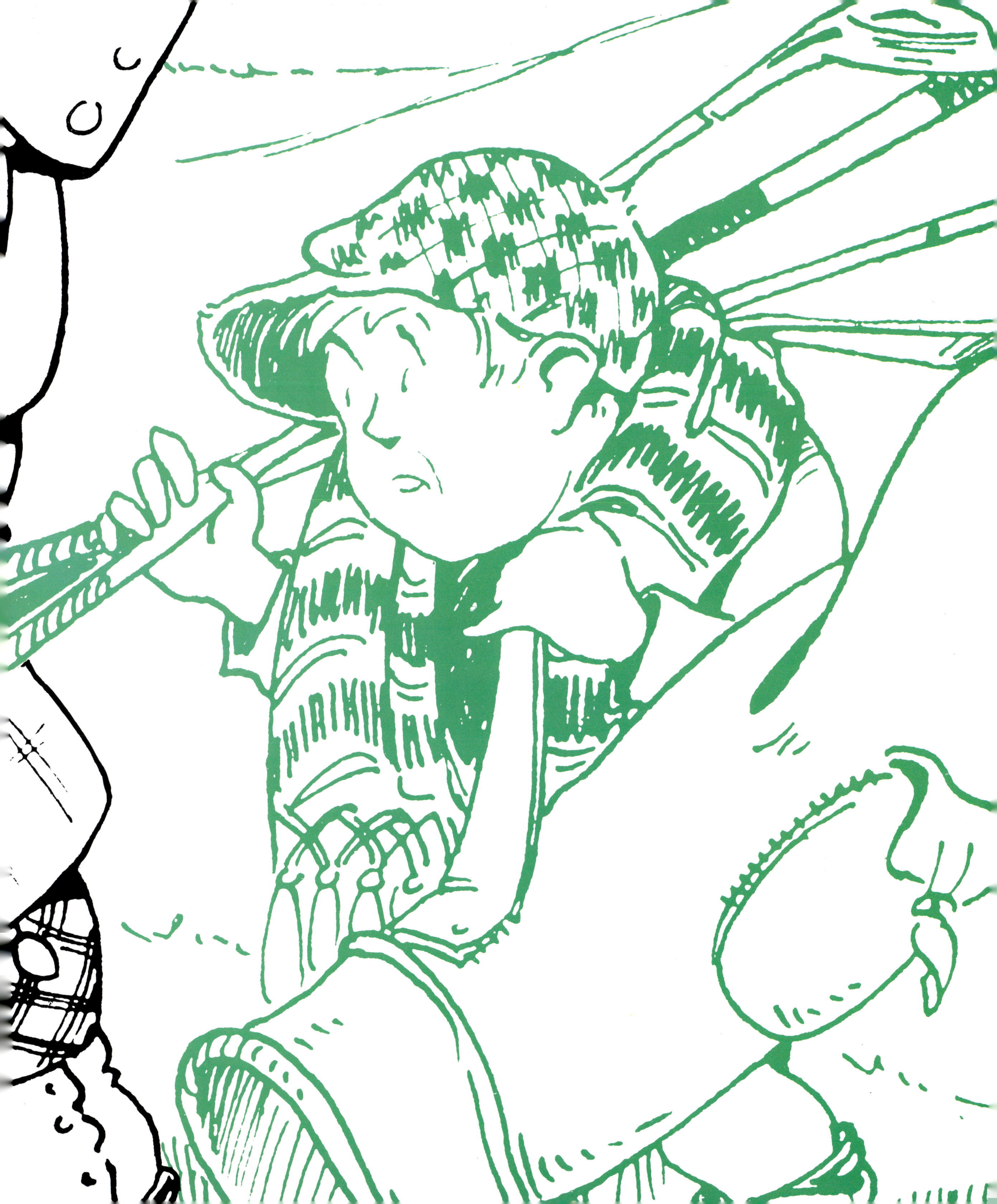

LA CÉLÉBRATION D'UN CULTE COMME CELUI DU GOLF exige naturellement tout un cérémonial pour lequel les officiants doivent être équipés d'une panoplie complète d'outils et d'accessoires qui sont comme les OBJETS DU CULTE.

Premiers des instruments du golf : les clubs. Instruments de torture ou de plaisir qui font subir les plus infâmes humiliations ou provoquent des retours exaltés vers le club-house.

Inséparable des clubs : le sac, que les golfeurs, désormais privés de caddies, devaient, hier encore, porter comme une croix sur tous les golf-gothas de la planète, et qu'aujourd'hui ils tirent plus commodément derrière eux à l'aide d'un petit chariot.

L'objet mythique du golf, autour duquel tournent tous les autres, c'est évidemment la balle. Cette petite balle blanche dont la taille et le poids sont maintenant standardisés et acceptés (depuis 1974 seulement) par le Royal and Ancient Golf Club de Saint Andrews, c'est tout dire…

Passons rapidement sur les autres accessoires du golf : vêtements, couvre-chefs, gants, parapluies, etc., pour souligner l'importance primordiale des chaussures. Employées pour marcher confortablement pendant les six kilomètres d'un parcours, elles doivent d'abord se faire oublier, et ensuite être légères, imperméables et, bien sûr, élégantes.

Une fois équipé et quelque peu entraîné, voire déglingué par une trop longue séance de « practice », on peut passer enfin au JEU proprement dit. Car le plus difficile reste à faire, c'est-à-dire jouer ces damnés dix-huit trous parsemés de « hazards », d'obstacles et de difficultés posés là tout exprès. Si pour certains golfeurs, le parcours n'est plus un véritable chemin de croix, ils peuvent se le représenter comme un immense jeu de l'oie où l'on passe de case en case au gré du hasard (ou des « hazards ») ou encore comme un gigantesque jeu de marelle que l'on jouerait sur ses deux pieds, et dont la case « enfer » serait multipliée par 18, et la case « paradis » réduite au seul 19e trou. Avec sa récompense alcoolisée, c'est ainsi qu'on appelle parfois le bar du club-house ! Est-ce de là, d'ailleurs, que vient l'expression « boire comme un trou » ? En tout cas, tout le monde sent bien que le whisky fait partie intégrante du golf, ce qui explique qu'il n'aurait pas pu naître ailleurs qu'en Écosse.

La distinction entre croyant et pratiquant existe aussi chez les golfeurs : certains que l'on peut à peine appeler « golfeurs », se contentent de multiples séances de « practice » collectif et ne jouent réellement sur un vrai green qu'une fois sur dix. D'autres pratiquent le golf en chambre et s'exercent sur la moquette du salon ou enfermés dans leur bureau en puttant dans des verres inclinés… Enfin un petit nombre en est resté au golf miniature, autant dire aux châteaux de sable. Évidemment le golf « grandeur nature », même si chez nous, il se joue de préférence d'avril à octobre, n'en subit pas moins la COLÈRE DU CIEL. Dans nos pays tempérés, Jupiter ignore les saisons et peut envoyer sur les pauvres golfeurs même en plein mois d'août, pluie, trombes d'eau, vent, orages, tonnerre et foudre. D'où la floraison sur les parcours, de grands parapluies multicolores faisant parfois office de paratonnerre.

Le culte golfique...

Les objets du culte : clubs, balles et... mode golfique

La panoplie complète du golfeur — et surtout de la golfeuse — ne s'arrête évidemment pas à une série de clubs dans un sac, aux balles et aux chaussures. La mode féminine — et plus tard masculine — a depuis longtemps été influencée par le golf. Les couturiers ont d'abord dû trouver un compromis entre l'élégance assez guindée du début du XXe siècle et les contraintes du mouvement. La mode « sportive », plus souple, a réellement commencé dès avant le premier conflit mondial, mais ce n'est qu'après la parenthèse de la guerre de 1914-1918 et à partir des années 25, que les jupes courtes pour les femmes et les pantalons dits de golf pour les hommes (appelés plus-four en anglais) ont véritablement marqué l'avènement du « sportswear ». Aujourd'hui, la mode golfique est descendue dans la rue et, bien que la démocratisation du golf ne soit pas aussi rapide que celle du tennis, le style golf — confortable et... anglais — est adopté par de nombreux non golfeurs.

Édouard Bollaërt (né en 1907). Fils de Raymond Baërt, peintre, poète et écrivain français. Il a consacré sa vie aux arts graphiques et expose pour la première fois en 1925. On lui doit un ouvrage charmant consacré au golf, *Carnet de balle*. Il est président d'honneur du golf de Combles-en-Barrois et du golf de Romanie, à Chalons-sur-Saône.

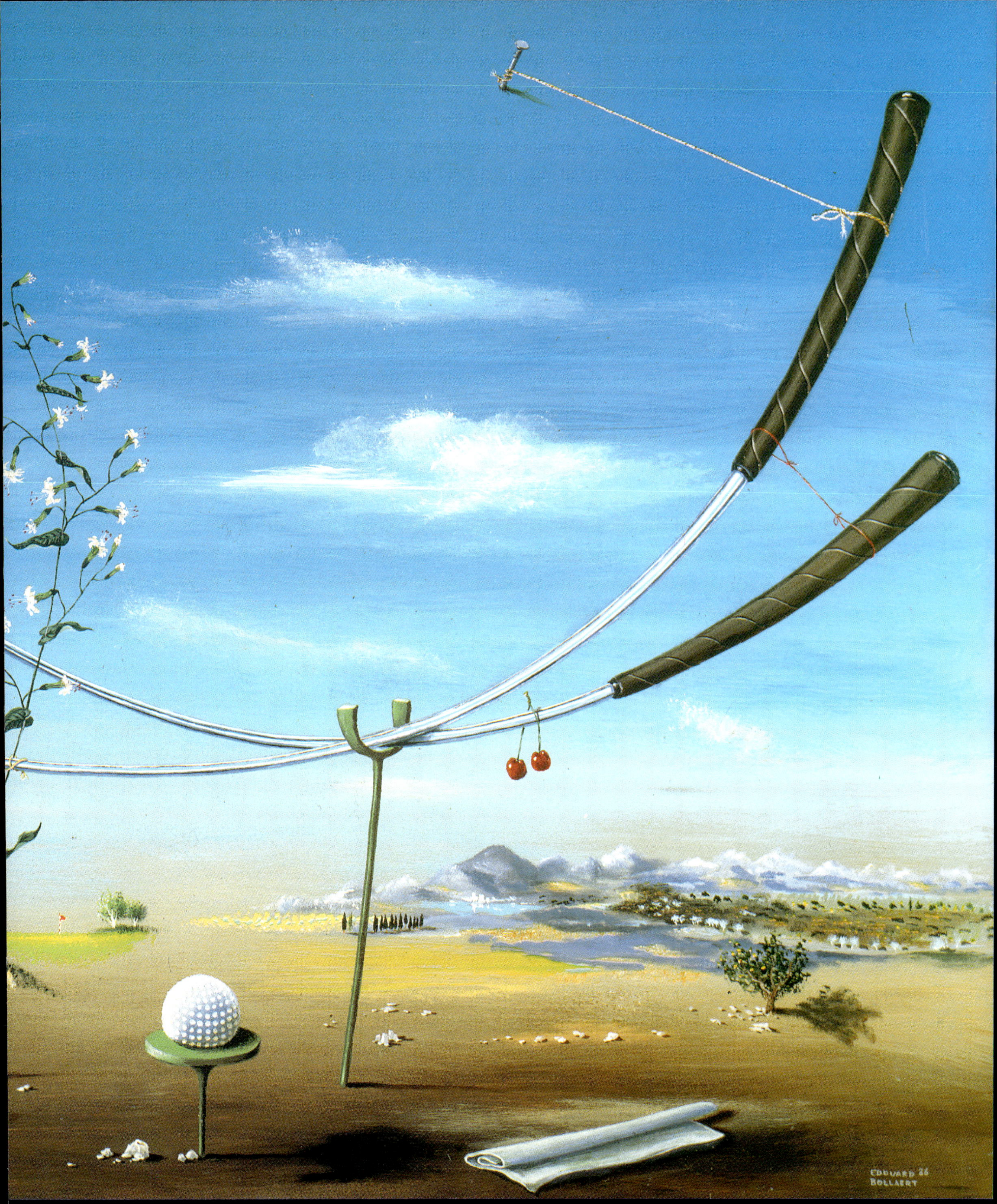
EDOUARD 86
BOLLAERT

Deux golfeurs sont au départ d'un trou délimité par un muret derrière lequel il y a un chemin. Au moment où le premier va jouer passe un corbillard derrière le mur, suivi par des gens en deuil. Le joueur à l'adresse s'arrête, retire sa casquette et joint les mains comme pour une prière. Son copain très impressionné lui dit : « Je ne te savais pas aussi religieux.
— Oh non, lui dit l'autre, ce n'est pas mon habitude, mais c'est ma femme qu'on enterre ! »

Le putter

En haut :

Quelques spécimens des 57 sortes de putters...
... et quelques-unes des 157 sortes de positions de putting.

En bas, de gauche à droite :

... un golfeur n'est jamais content

Mon drive est bon, mais mon putting est lamentable.

Mon putting est bon, mais mon drive est un désastre.

Le pro :

Maintenant, nous arrivons au plus important au golf : le putting !

C'est exactement ce qu'on lui a répété pour le drive, le fer 7 et les sorties de bunker.

Planche extraite de Golf, par Clare Briggs, P. F. Vollandand Co., Chicago. DR.

VARIETIES OF PUTTERS

OF THE
IES OF
STANCES

"NOW WE COME TO THE MOST IMPORTANT PART OF GOLF - THE PUTTING"

THIS LITTLE FELLOW HAS BEEN TOLD THE SAME THING ABOUT DRIVING- THE BRASSIE SHOT AND THE MASHIE

Ceux qui connaissent le parcours de Mortfontaine savent que le rough est constitué presque intégralement de bruyère. Un de nos amis joue avec sa petite amie prénommée Martine. Il slice sans arrêt et cherche sa balle dans les bruyères. Cela dure un moment et au bout d'un certain temps, n'y tenant plus, il rejoint sa partenaire à qui il dit tendrement : « à Mortfontaine, je préfère nettement la Martine à La Bruyère... »

On voit parfois, lors de compétitions, des joueurs parler à leur balle (« avance, avance... ») lorsqu'elle roule sur le green. J. E. Broome donne la vie à la petite balle blanche dans *Keep your eye on the ball*, livre délicieux paru en 1936. « Regardez votre balle » est le leitmotiv de tous les professeurs à leurs élèves.

Dessins de J. E. Broome, extraits de Keep your eye on the ball, Collins Harvill, Londres. DR.

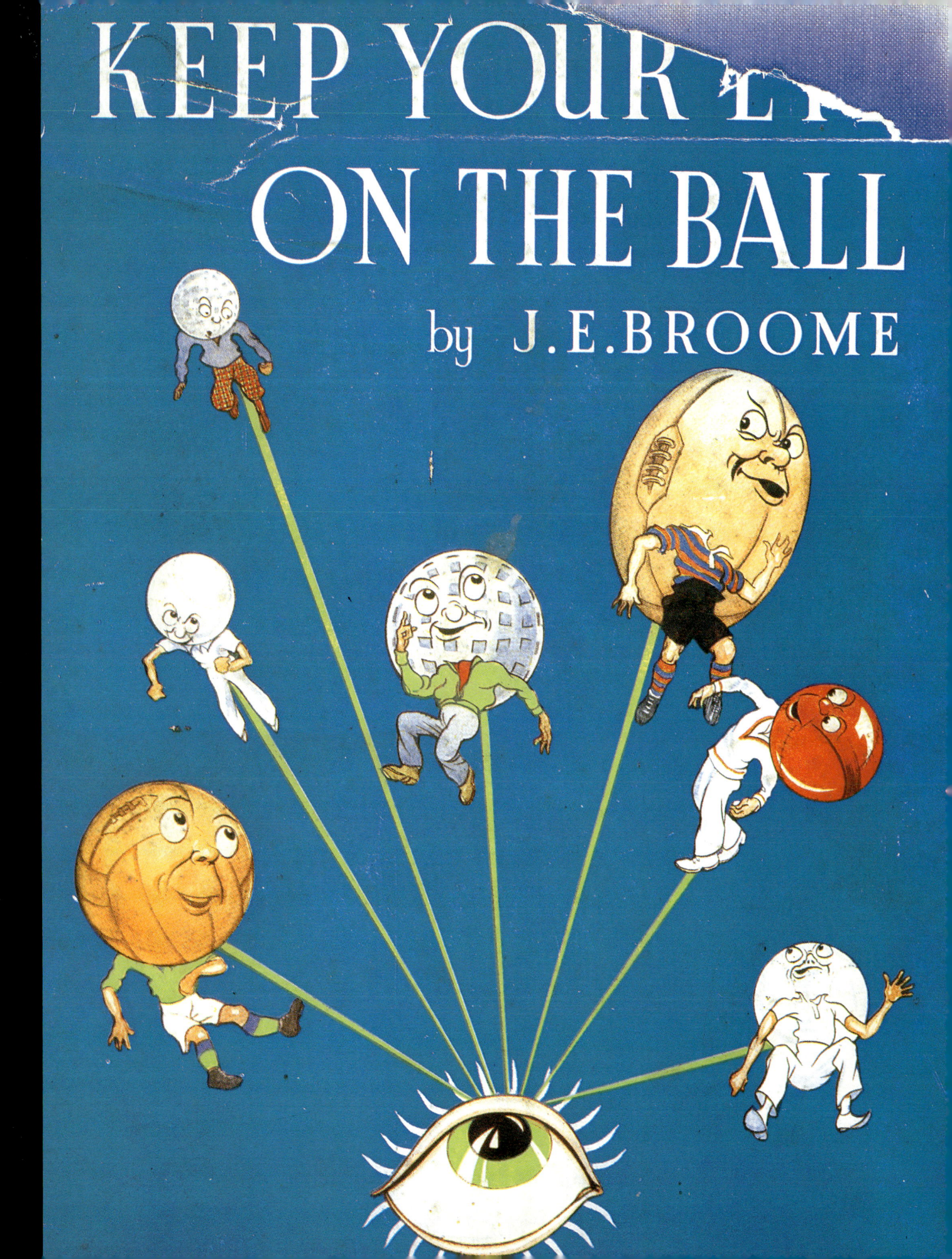

KEEP YOUR EYE ON THE BALL

by J. E. BROOME

Une jeune femme qui cherche à se faire épouser, jette son dévolu sur un riche aristocrate avec qui elle s'arrange pour jouer une partie amicale. Arrivé sur le green, notre ami, gentleman, propose à sa partenaire : « si vous rentrez ce putt, je vous invite à déjeuner au club-house après notre partie. » Elle rentre le putt. Sur le dernier green, c'est elle qui prend l'initiative et qui susurre : « si vous rentrez ce putt, je vous invite à boire le champagne chez moi... après le déjeuner. » Notre ami se concentre, se met à l'adresse, joue et, à peine a-t-il touché la balle que la jeune femme lui murmure : « C'est gagné !... » Ils se marient six mois plus tard et divorcent un an après. Ils jouent encore au golf, chacun dans un club différent et elle touche une pension confortable...

Page de droite :
Il n'y a aucun doute quant à ce qu'on attend de moi sur ce merveilleux tapis vert, mais une rencontre imprévue me donne toutes les excuses pour faire mon numéro !

Dessins de J. E. Broome, extraits de Keep your eye on the ball, Collins Harvill, Londres. DR.

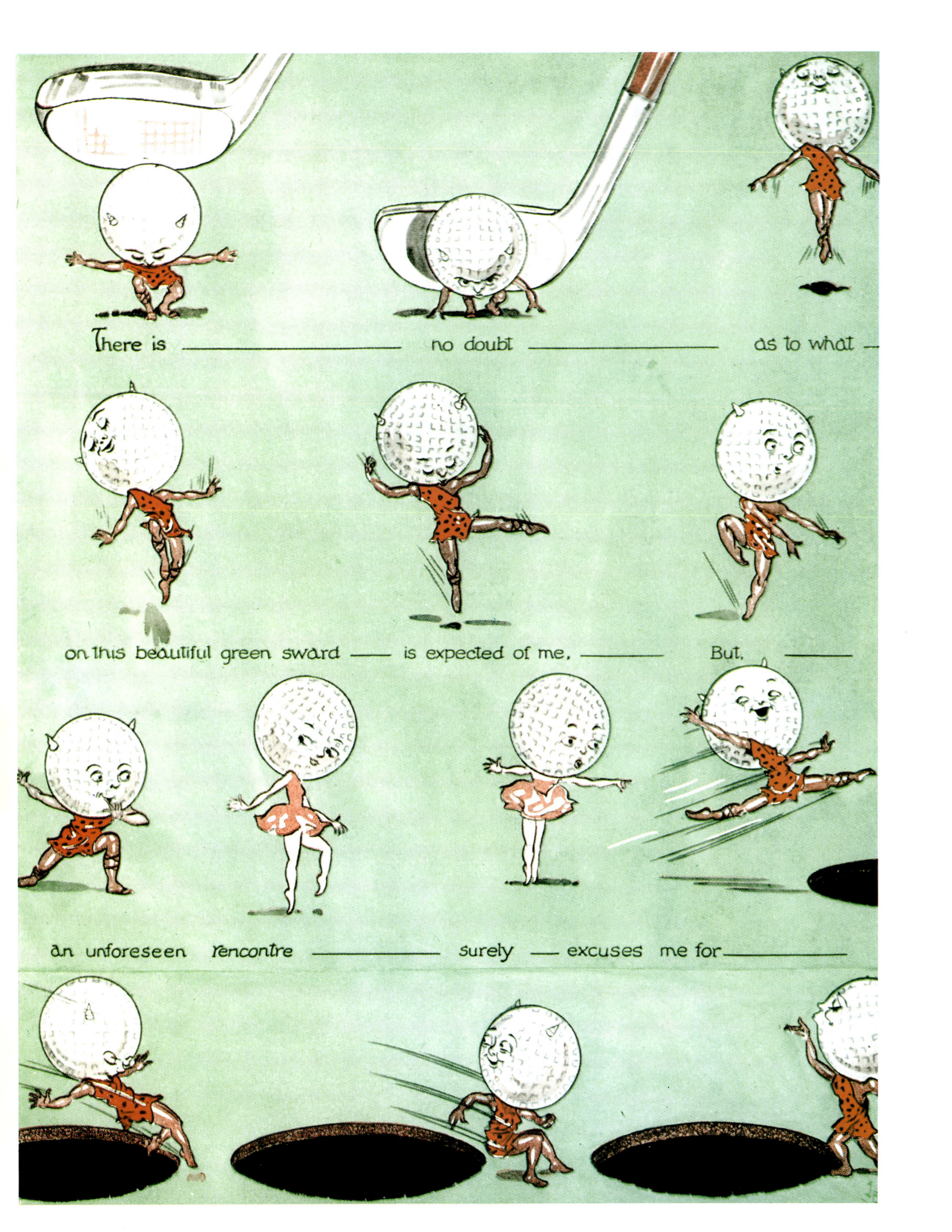

There is ——————— no doubt ——————— as to what ——————— on this beautiful green sward ——— is expected of me, ——————— But, ——————— an unforeseen rencontre ——————— surely — excuses me for ———————

Dessins de J. E. Broome, extraits de Keep your eye on the ball. Collins Harvill, Londres. DR.

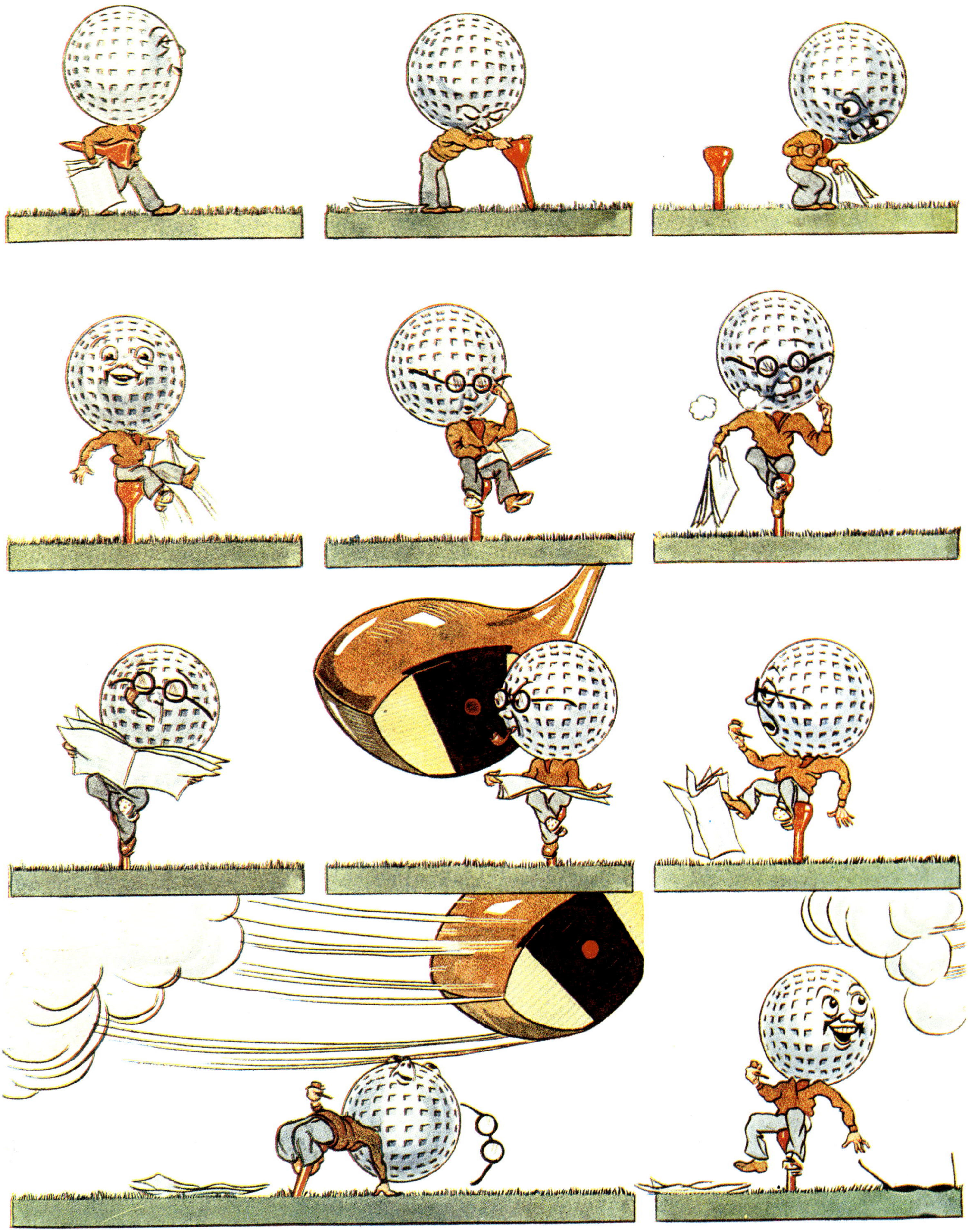

Lors de la Coupe des Ménages, le mari a merveilleusement drivé et se retrouve en un coup à 30 centimètres du trou sur un par 3. Il se retourne vers son épouse l'air inquiet et lui dit : « ma chérie, je t'en supplie, ne rate pas ce putt... » et elle rate. Le mari fou de rage l'injurie et la traite de tous les noms d'oiseaux de la Chrétienté : « tu n'es qu'une idiote doublée d'une naine golfique... ce putt n'était pas plus long que... (il cherche) que mon sexe... et tu l'a raté ! » Et sa femme de protester : « oui, mais il était beaucoup plus dur... »

— Hélène ! Tu sais où se trouvent mes clubs ?
— Les voilà !

*Planche extraite de Golf, par Clare Briggs
P. F. Volland and Co., Chicago. DR.*

"HERE THEY ARE"

"✯!!?✯!!"

Les jeux : le parcours, le practice et... « le golf en chambre »

La perspective d'un parcours complet de dix-huit trous est parfois si cauchemardesque que certains joueurs font des pieds et des mains pour ne pas jouer, comme ces navigateurs qui fignolent inlassablement les détails de leur bateau pour reculer le moment de prendre la mer. Ainsi ces golfeurs, avant de se lancer sur l'océan d'un parcours, multiplient les séances de practice, se ruinent en leçons particulières et s'exercent au putting jusque dans leur cuisine. Au Japon, les practices sont construits en hauteur. Les fanas du golf à Tokyo font du practice dans des sortes de grandes cases de colombarium alignées et superposées sur deux ou trois niveaux, ouvertes sur l'extérieur, où ils tapent des balles dans un filet géant. Ils disent alors qu'ils ont « joué » au golf.

Le comble du militantisme pour un écologiste, c'est de jouer au golf avec une balle verte.

L'esprit fait manquer plus de coups que le corps.
Tom Bolt
joueur professionnel

Le golf n'est pas une question de vie ou de mort, c'est beaucoup plus sérieux...
proverbe écossais

Le golf est la seule activité physique qui donne autant de plaisir sans avoir besoin de se déshabiller.
Chi Chi Rodriguez
joueur professionnel

Page de gauche : © Alex/Verkerke.
Page de droite : dessin de Gérard Mordillo, extrait de Mordillo Golf © 1987, Oli Verlag N.V.

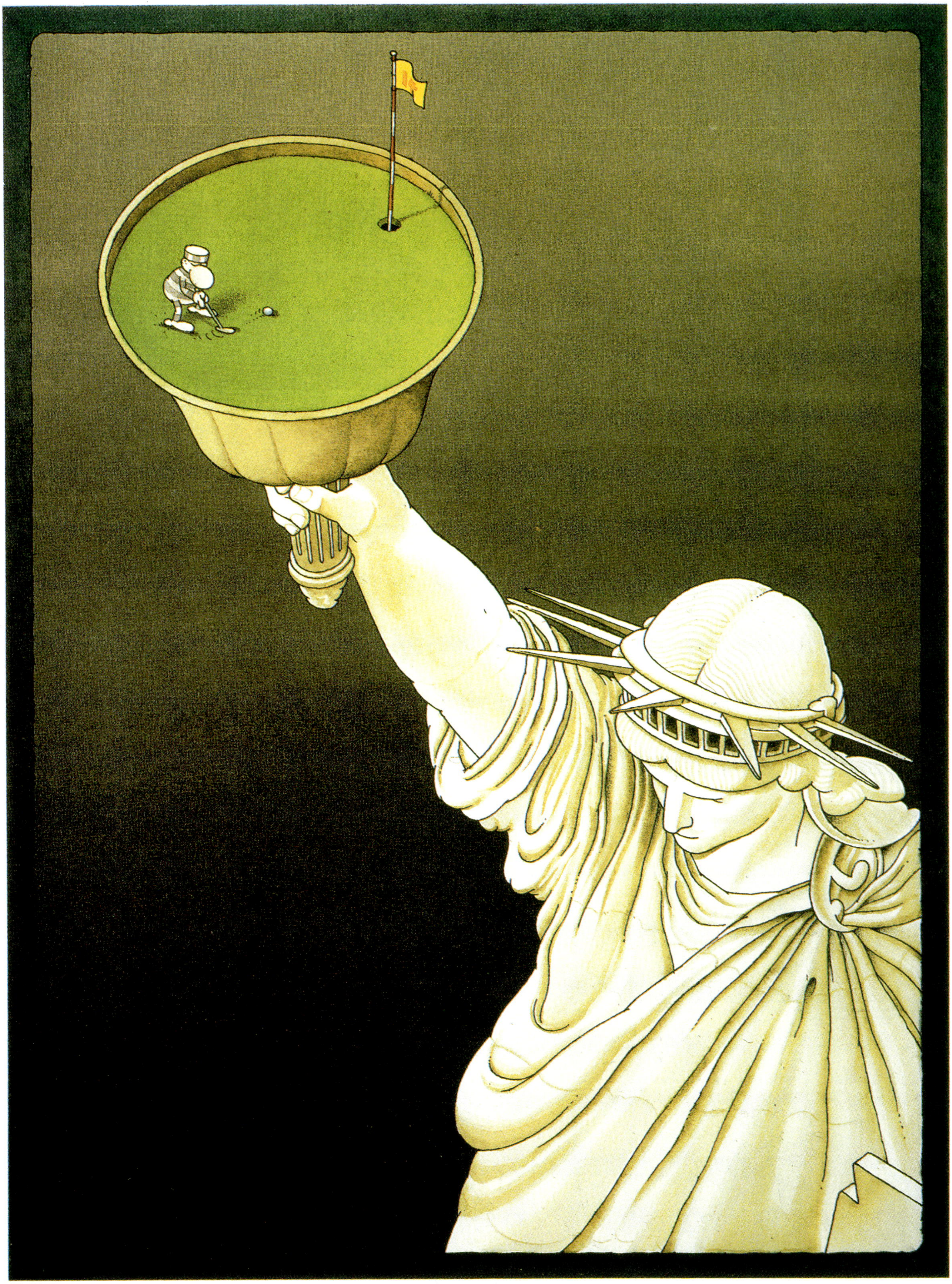

Les triplés

TROU N° 1

— T'EN AS DE LA CHANCE, MAMAN D'AVOIR TROIS PETITS CADDIES POUR TE PORTER TON SAC !
— TU VAS NOUS DONNER DES SOUS, HEIN ?
— BEAUCOUP DE SOUS !!!
— DITES DONC, LES ENFANTS, N'EXAGÉRONS RIEN ! C'EST VOUS QUI AVEZ VOULU VENIR !

TROU N° 9

TROU N° 18

Nicole Lambert

Les triplés

— OH ÇA FAIT VINGT MINUTES QU'IL EST COMME ÇA... IL ATTEND QUE LE VENT SE LÈVE !

Un bon professionnel, s'il a de la chance, réussit 6, 8 ou 10 très bons coups par parcours. Tous les autres ne sont que de très bons ratages.

*Tommy Armour
joueur professionnel*

Dessin de René Boin, extrait de De Waarheid over Golf, © A. W. Bruna, Utrecht, 1985.

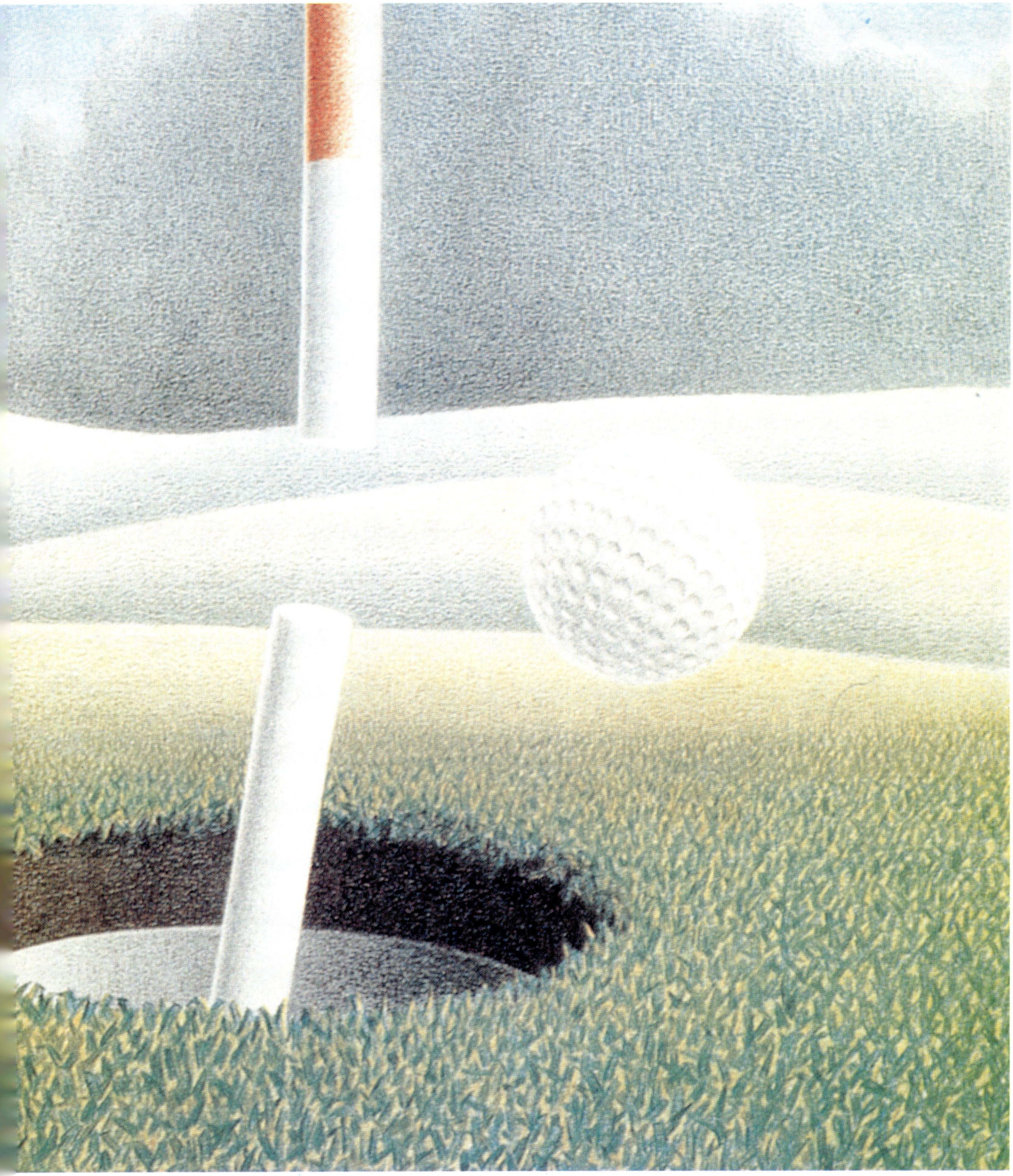

René Boin, peintre hollandais contemporain, est l'auteur d'un ouvrage humoristique, *La Vérité sur le golf*, dans lequel il nous décrit en images — et en mots — quelques cauchemars golfiques, comme le texte ci-dessous :

Au bord du trou

Un golfeur armé d'un putter pénètre sur le green. Tranquillement, en deux petits coups, il va envoyer sa balle dans le trou : image paisible pour de nombreux néophytes. Comme ce doit être merveilleux, dans un tel environnement, de faire rouler cette petite balle blanche sur le gazon vert, comme sur le drap d'un billard, jusqu'à ce beau grand trou, tout rond !
Quel bonheur parfait, quelle satisfaction ! La dure réalité nous montre tout autre chose.
C'est précisément à cet endroit idyllique, où le jeu paraît d'une simplicité enfantine, que se révèle le tragique. C'est ici que l'on enterre à tout jamais le dernier petit espoir d'un score raisonnable.
C'est au moment où le joueur, apparemment détendu, se penche sur sa balle pour la dernière chiquenaude, que le trac et la panique l'envahissent. Car il sait qu'une déviation de quelques millimètres suffit pour que les efforts déployés sur plusieurs centaines de mètres se réduisent à un fiasco. Neuf fois sur dix, la balle s'arrête au bord du trou, et le sentiment de profonde désillusion que subit le golfeur est alors intraduisible par les mots...

René Boin

Dessin de René Boin, extrait de *De Waarheid, over Golf*, © A. W. Bruna, Utrecht, 1985.

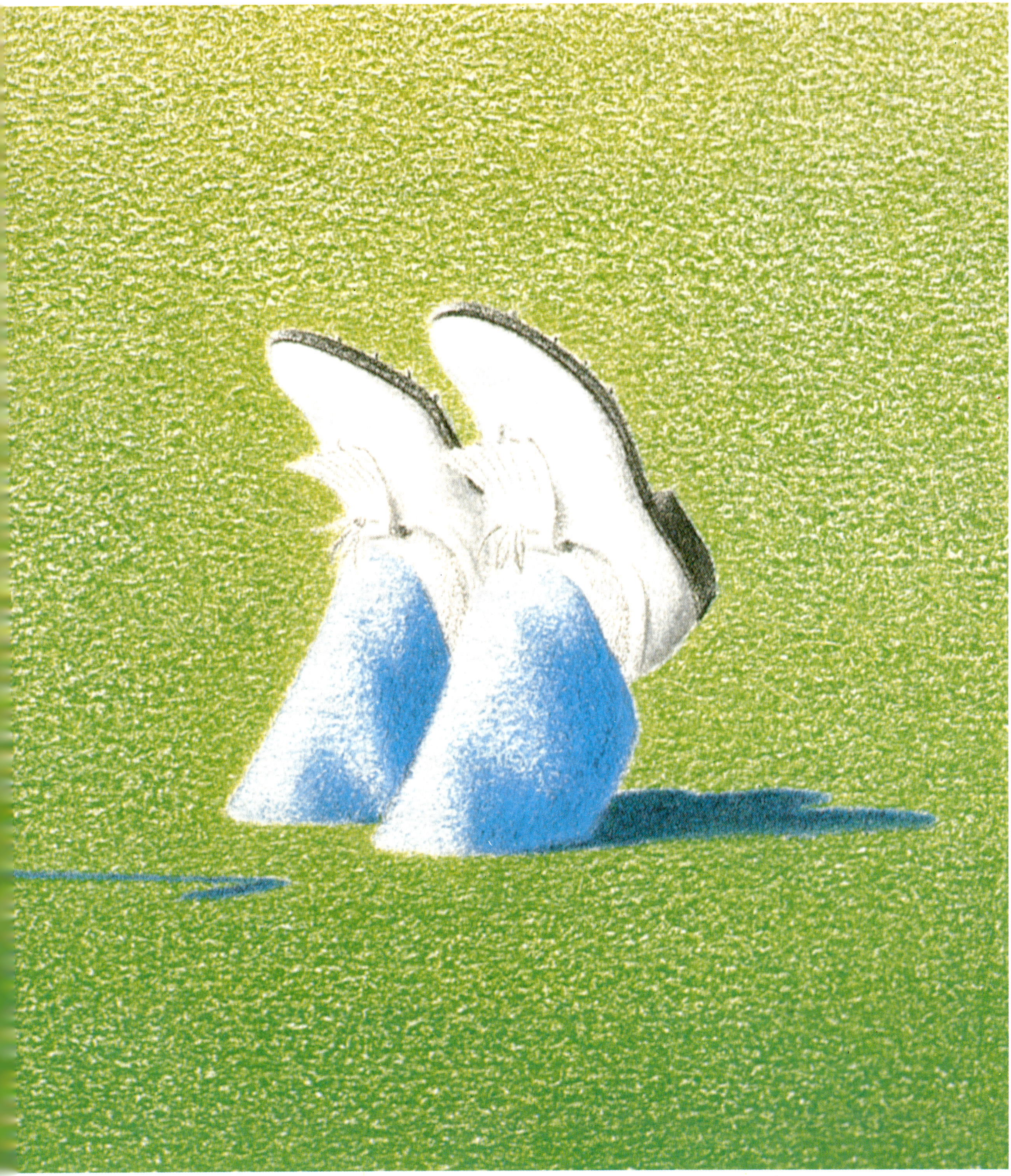

Lawson Wood nous croque un golfeur dans la rue à qui son professeur aurait conseillé de « travailler » son putting chaque fois qu'il le pouvait.
Le charbonnier semble penser :
« j'suis pas sorti d' l'auberge...
si ce quidam rentre mes 800 kilos d' charbon d' cette manière... »

Le golf n'est pas un jeu de coups réussis, c'est un jeu de coups manqués, mais manqués avec la plus grande précision. Celui qui gagne est celui qui fait le moins d'erreurs.

Gene Littler
joueur professionnel

Si certaines personnes étaient aussi peu douées pour tenir un couteau et une fourchette que pour tenir un club de golf, ils mourraient de faim.

Sam Snead
joueur professionnel

Page de gauche :
Dans le bunker !

Page de droite :
Dessin de Lawson Wood.

Page de gauche : carte postale. DR
Page de droite : collection Alain R. Bocquet. DR.

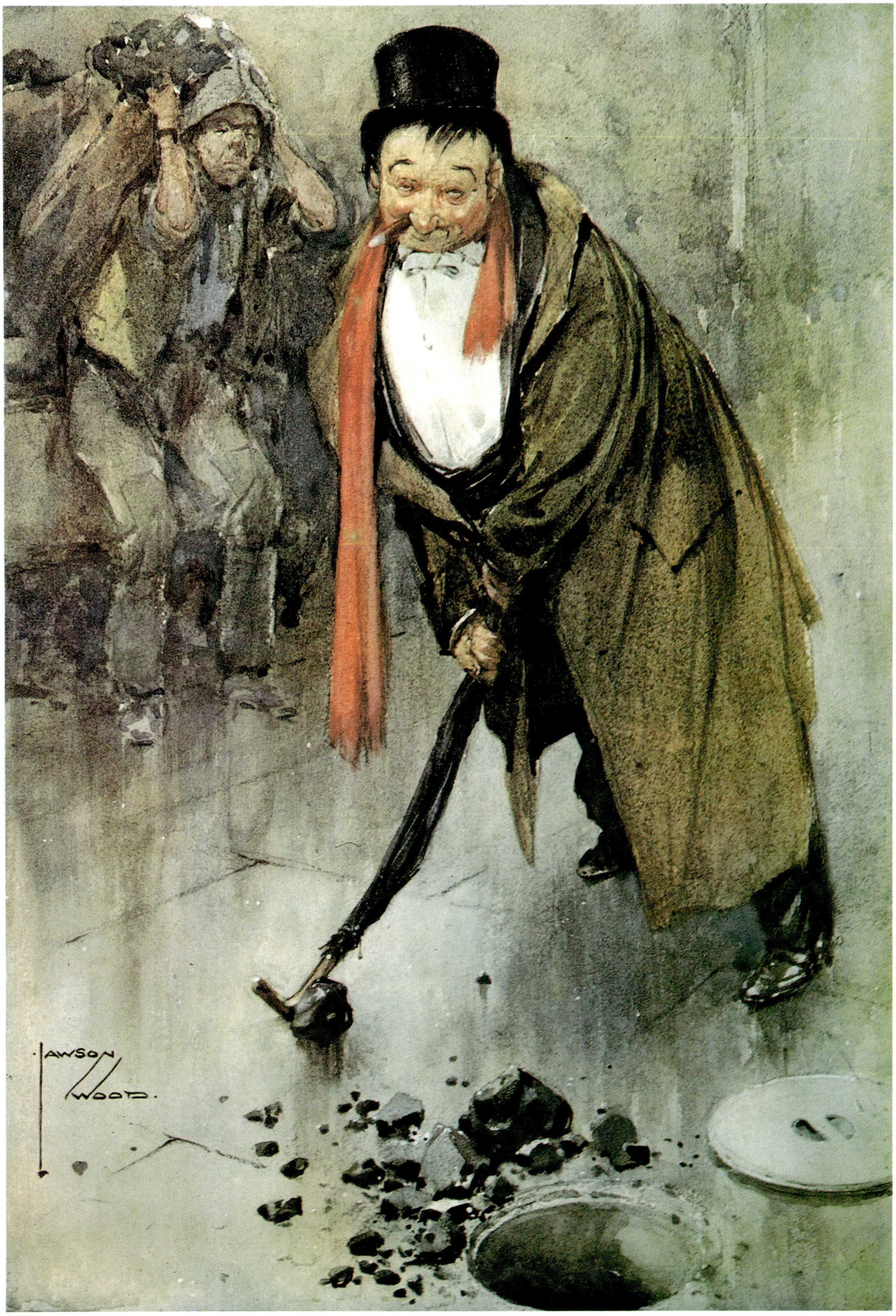
LAWSON
WOOD.

Mr BIL BOQUET

INVENTEUR DU GOLF MINIATURE MÉNAGER VOUS PRÉSENTE SON PREMIER ESSAI

Un couple de golfeurs est au lit, et la femme qui n'arrive pas à s'endormir se met à compter les moutons : « 101, 102, 103... ». Son mari, furieux, se retourne et lui jette : « si tu ne dors pas, essaies plutôt de compter le nombre de coups qu'il t'a fallu pour sortir de ce bunker, aujourd'hui ! »

Le golf miniature est au golf de compétition ce que l'auto-tamponneuse est à la formule 1.
Alain-Philippe Beaujour
humoriste

Planche de Minouvis, extraite de la Revue illustrée des Golfs du continent. *DR.*

Une jeune femme arrive en robe de mariée sur le green du 12 et, furieuse, s'adresse à un joueur, visiblement son fiancé vu la tenue qu'il porte : « tout le monde t'attend à l'église, et moi la première », hurle-t-elle. Et lui de répondre très calmement : « je t'avais dit seulement s'il pleut... seulement s'il pleut ! »

La sérénité, c'est de savoir que votre plus mauvais coup sera malgré tout assez réussi.
*Johnny Miller
joueur professionnel*

Page de gauche :
Rêve impossible.

Page de droite :
Le parcours dément de Heath Robinson. (Avec les biscuits Peek Freans.)

Page de gauche : dessin de Gary Patterson. DR.
Page de droite : dessin reproduit avec l'aimable autorisation de Duckworth, Londres.

The HEATH ROBINSON GOLF COURSE

Packed with PEEK FREAN'S BISCUITS

Une jeune femme arrive pour prendre une leçon de golf. Le professeur essaye tous les stratagèmes pour que son élève parvienne à faire décoller sa balle. Peine perdue, elle essaie de « comprendre » au lieu de « ressentir ». À la fin, lassé de prodiguer ses conseils sans aucun succès, le pro déclare : « vous savez, ce n'est pas d'un professeur de golf dont vous avez besoin mais d'un psychiatre... » et l'élève de répondre : « mais je suis psychiatre !... ».

En haut :
La Réalité.

En bas :
Le Fantasme.

Dessin extrait de Golf, par Clare Briggs, P. F. Volland and Co., Chicago. DR.

IN MENTALITY...

Si vous n'arrivez pas à mener de front vos affaires et le golf, laissez tomber vos affaires.

Les trous d'eau sont comme les eaux sacrées où vous sacrifiez régulièrement votre orgueil et vos balles les plus chères.

*Tommy Bolt
joueur professionnel*

Le golf est un compromis entre ce que votre ego veut faire, ce que l'expérience vous dicte de faire et ce que vos nerfs vous autorisent à faire.

*Bruce Crampton
joueur professionnel*

Je renoncerais volontiers au golf si je n'avais pas autant de pull-overs.

*Bob Hope
comédien*

Dessins de Sargent pour deux couvertures de The Saturday Evening Post. DR.

The Saturday Evening POST

September 3, 1960 — 15¢

Missouri: FOUR STATES IN ONE

How I Learned to Pinch Pennies
By ART LINKLETTER

Dick Sargent

RÈGLE XVIII
Si la balle d'un joueur frappe
un adversaire ou son cadet,
ou ses clubs, ou est déplacée par eux,
le camp de l'adversaire perdra le trou.

DÉFINITION
Une balle est hors des limites
(*out of bounds*) quand
sa majeure partie se trouve
en dehors du terrain.

Page de gauche :
Textes et images
de Maurice Bouchon.

Page de droite :
Un bunker royal !

Page de gauche : extraits de Méditations
sur le royal et ancien jeu de golf. *DR.*
Rège de droite : Dessin de Gary Patterson.
DR.

GARY PATTERSON

La colère du ciel : le temps et les intempéries

Le grand parapluie de golf a tout naturellement sa place dans le sac, comme un quinzième club. Rien d'étonnant si l'on sait que le pays d'origine du jeu est situé dans les îles Britanniques où les dépressions se succèdent sans désemparer pendant toute la saison. C'est pourquoi le temps qu'il fait est — avec le souci de son handicap — le sujet de conversation principal des golfeurs. Leur moral en dépend : « Il a fait beau hier, il fera beau dimanche, mais il pleut des cordes aujourd'hui, et on joue quand même ! » On peut dire que le temps est un des éléments du jeu et plusieurs des règles précisent par ailleurs ce qu'il faut faire ou ne pas faire en cas d'orage. Attention au swing : un club levé vers le ciel attire les foudres de Zeus !

Le golf détend les nerfs.

Page de gauche : carte postale. DR.
Page de droite : dessin de Gary Patterson. DR.

GARY PATTERSON

Planches extraites de l'album Marius et Olive, de Régis Franc, 1991. © Franc/Casterman.

BROOOM — AH! LA DOUCHE!...

HOULA!!!

Nous aimions le temps qui change et souvent nous avons essuyé des orages terribles... Nous restions figés sous nos parapluies, confusément repliés dans des pensées genre intérieures... écoutant la foudre

Ça ne durait pas...

Car bientôt le soleil.... BROOM BROOM

Et le jeu continuait... Milou perdait des balles avec beaucoup de dignité...

VOUS LA TROUVEZ?
NON!

la balle une TOP FLITE 4

TOCK!

Je revois encore le swing très souple d'Alberto et le bruit des balles... La journée avançait doucement comme dans un roman démodé... Au trou 15 "Alberto" creusait l'écart et Milou s'assombrissait. Il s'agissait à cette heure de perdre ou de gagner...
.... Et les deux amis se haïssaient...

VOUS JOUEZ BIEN CES TEMPS-CI ALBERTO
MERCI MILOU

TOCK

AALLAHHH & AKBARRR

Enfin venait le soir, le soleil et le muezzin annonçaient la nuit, le fairway glissait dans l'ombre. Au fond, devant les deux joueurs, on allumait les lanternes du bar de la cantina du club "Perfectamente borracho.." Mais à partir d'ici, il s'agit seulement d'un roman disait alors Alberto....

Saint Pierre et Jésus-Christ font une partie de golf au paradis. Saint Pierre joue un premier drive très réussi qui l'emmène sur le green à 50 mètres du trou. Jésus-Christ drive à son tour, assez médiocrement : sa balle ricoche sur un arbre, revient vers le fairway et, à ce moment-là, ô miracle, une colombe l'attrape au vol et après quelques tours gracieux, la fait tomber sur le green où elle roule gentiment jusque dans le trou. Alors Jésus-Christ, se tournant vers les cieux : « ah non papa, laisse-moi jouer tranquille ! »

Le golf est un agréable passe-temps de plein air.

Page de gauche :
Extraits de *Méditations sur le royal et ancien jeu de golf*. DR.

Page de droite :
Eh bien, qu'en penses-tu, Jack ?
On arrête pour aujourd'hui ?

Page de gauche : texte et image de Maurice Bouchon.
Page de droite : dessin extrait de Esquire Cartoon Album © Esquire Inc., 1957.

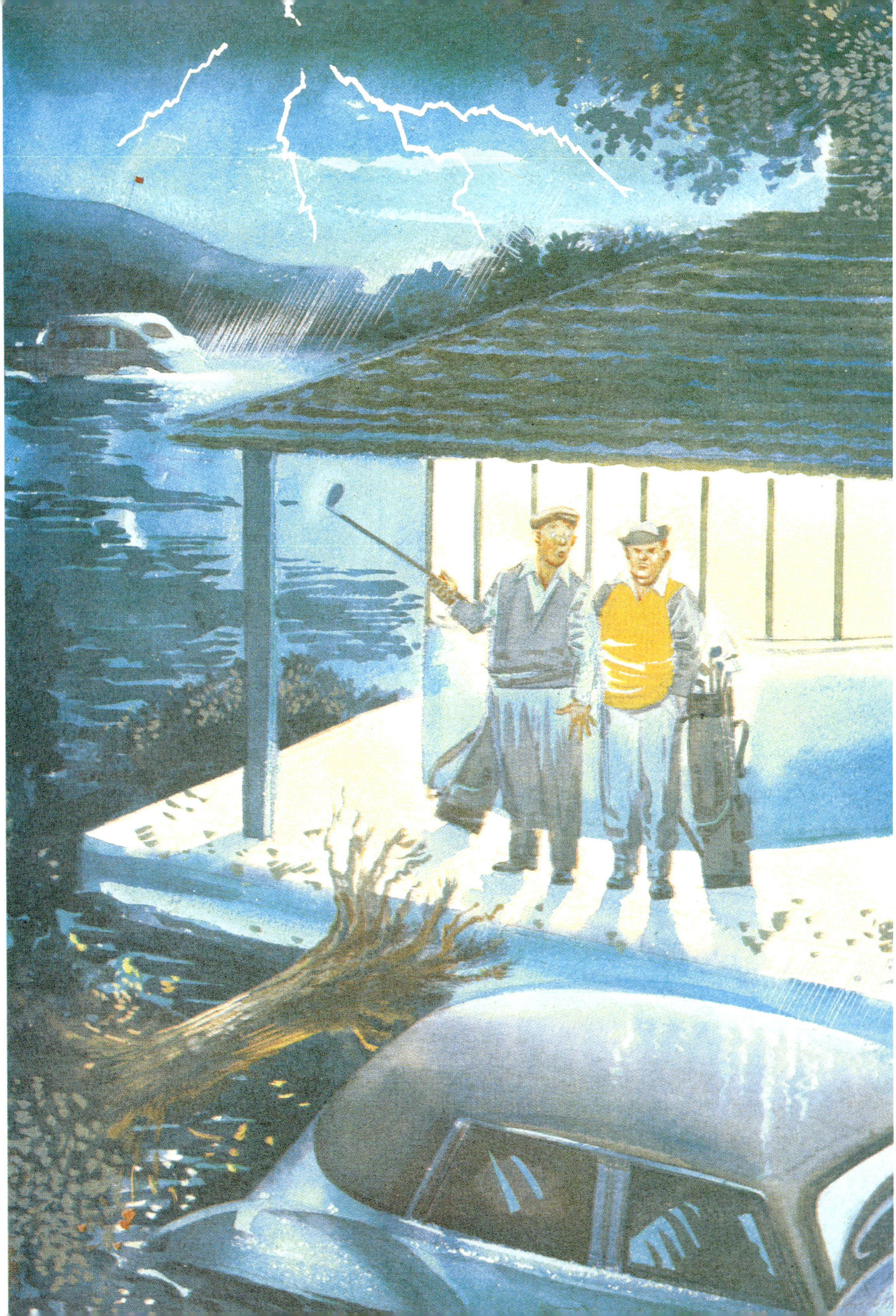

Devinette :

Pourquoi voit-on tant de bossus
jouer au golf les jours d'orage ?
Réponse : parce que cela
les fout droits ! (foudroie).

Page de droite :
— Venez, les amis ! Il y a une éclaircie !

Dessins de George Houghton, extraits de Golf Addicts on Parade, *Country Life Ltd., Londres, 1959. DR.*

Tout ce que j'aime...
Personne au départ du 1...

Au fond, je préfère presque ce temps-ci !

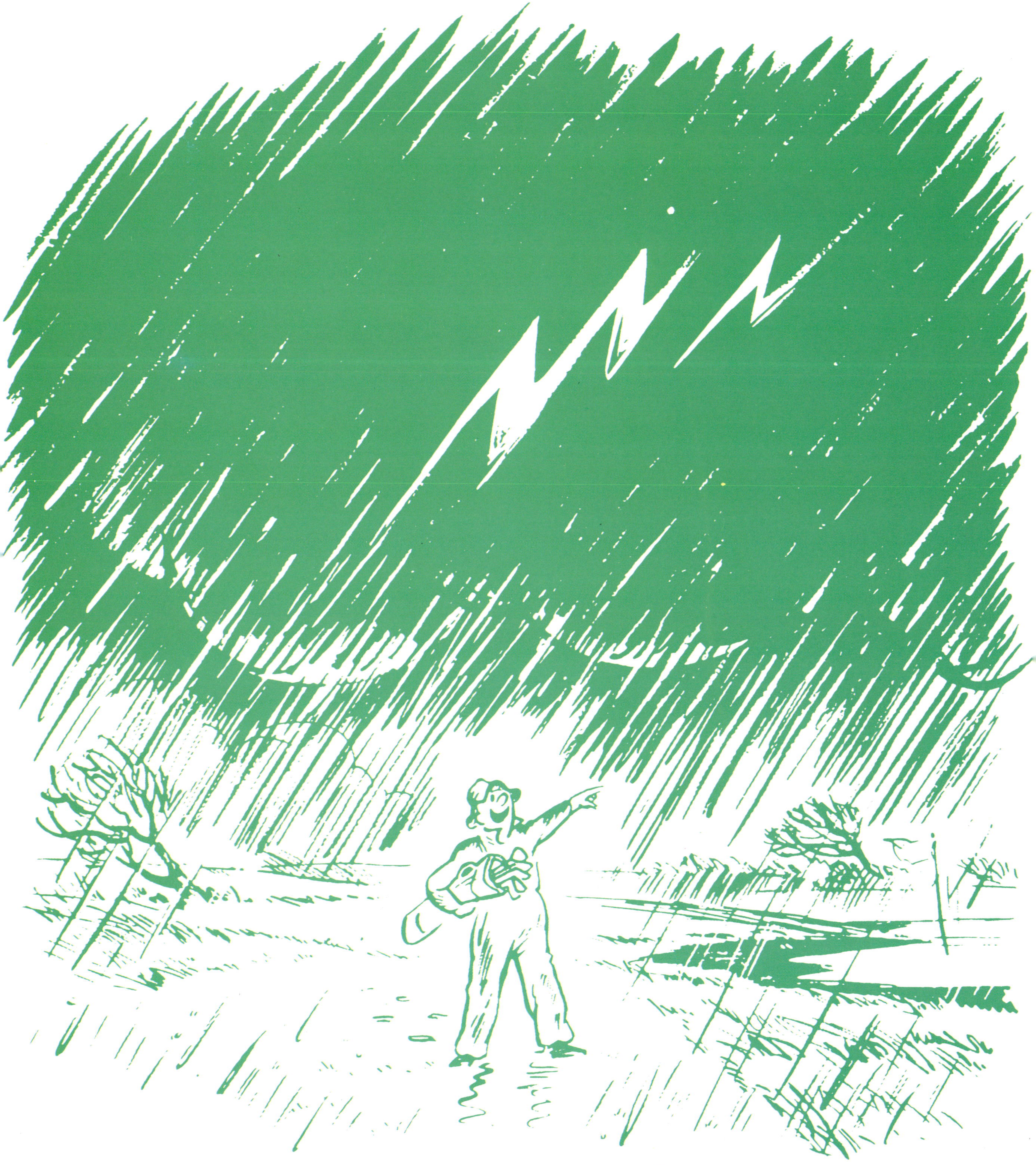

Page de gauche et de droite : dessins extraits de Le Golf de Mose, © Le Cherche Midi éditeur, 1987.

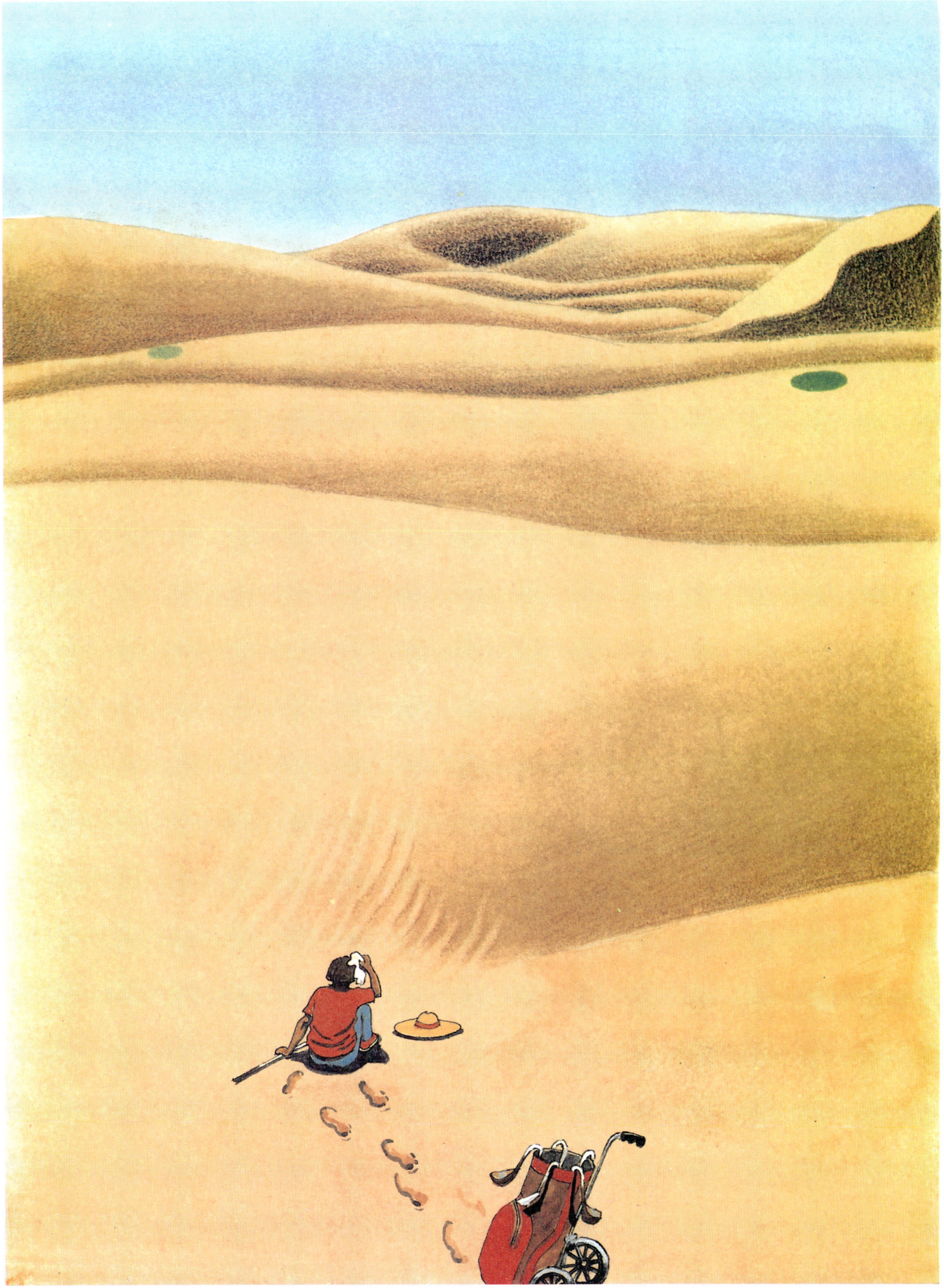

"B------D"

Ernest E. Keen

Collection Alain R. Bocquet. DR.

BIBLIOGRAPHIE

1888   *Pen an pencils sketches on the game of golf*, par George Aikman

1891   *Your First Game of golf*, par Gerald Hillinthorn

1892   *Golf sketches*, par J. F. Irwin

         Golf in the year 2000, par J.A.C.

1894   *North again, golfing this time*, par W. Ralston

1897   *Colonel Bogey's sketch book*, par Richard Andrey

1898   *The Golfer's alphabet*, textes par W. G. Van T. Sutphen, photos de A. B. Frost

1899   *The Golf girl*, par Maud Hamphrey

1900   « *Fore : Life's book for golfers* », Life magazine

         Handbook of golf for bears, par Frank Verbeck

1901   *Nineteenth Hole*, par Van Tassel Stephen. © 1901 Harpers & Brothers Publishers

1902   *That Game of golf*, édité par Thomas Browne

         The Haunted Major, par Robert Marshall © 1902

1903   *Golf plays and recitations*, par Richard Andrews

1905   *Rules of golf illustrated*, par Charles Crombie

1909   *With Club and caddies*, par E. M. Griffiths

         The Funny Side of club, Éditeurs de Punch

         Seven Stages of golf, par Harold Simpson

1913   *Dupont, champion de golf*, par Raymond Baërt, L'Édition Moderne, Paris

         Golf yarns, par H. B. Martin

1916   *Golf : the book of a thousand chuckles*, par Clare Briggs

         The Duffer's handbook of golf, par Grantland Rice et Clare Briggs, The Macmillan Company First © 1916

1919   *The Illustrated Rules of golf*, par P. A. Vailes

1920   *A Golfer's glossary*, par T. H. Oyler

1935   *Candid caddies*, par Charles Graves et Henry Longhurst © 1935. Introduction de Bernard Darwin. Illustrations de Bert Thomas. Publié par Duckworth, Londres

1936   *Keep your eye on the ball, A book of sketches*, par J. E. Broome. Vers et prose de John Adrian Ross © Collins Forty-Eight Pall Mall, Londres

1947   *Méditations sur le royal et ancien jeu de golf*, textes et images de Maurice Bouchon, France © 1947

1951   *Are Golfers human ?* par Robinson Murray. Illustrations de The Roth Foursome. Prentice-Hall, Inc., New York

1954   *Plus d'un tour dans mon sac*, par Jean Éparvier, dessins de R. de Laverne, éd. revue Adam

1956   *A Century of Punch*, par William Heineman Ltd, Londres

1958   *The New Yorker. Album of Sports and Games*. Éd. Hamish Hamilton, Londres © 1958, par N. Y. magazine, Inc

         Life with par, par Morie Morison © Doubleday and Company, Inc. N.Y

1972   *Golf, quand tu nous tiens*, par J. Éparvier, dessins de Gring, éd. Office du Livre, Fribourg

1976   *The sensious golfer*, par Mark OmanN. Illustrations de Nix

LES AUTEURS

ALAIN R. BOCQUET, journaliste et historien du golf, découvre le golf alors qu'il travaille en qualité de directeur artistique aux disques AZ, filiale d'Europe 1. Très intéressé par l'aspect culturel et historique du golf, il visite les musées, rencontre des collectionneurs et assiste assidûment aux ventes spécialisées dans les objets et tableaux de golf du monde entier. Sur proposition de Philippe Lejour, alors directeur de la communication de Lancôme, il crée une fastueuse exposition sur l'art et le golf regroupant des œuvres majeures venues notamment de musées hollandais. Il écrit le premier livre français sur l'histoire du golf : *Le Golf, des origines à nos jours*.

PHILIPPE LEJOUR, homme de communication et de relations publiques, connaît bien le monde du golf. Il fut de 1985 à 1990 responsable du trophée Lancôme, une des plus importantes compétitions golfiques internationales, parrainée par la célèbre marque de parfums et de cosmétiques. Philippe Lejour a également organisé avec Alain R. Bocquet la première exposition en France sur le thème l'art et le golf. Quoique passionné par la beauté de ce sport, Philippe Lejour ne joue pas ou ne joue plus au golf... ce qui explique peut-être la distanciation et l'ironie de son regard sur le golf et les golfeurs.

GLOSSAIRE

Ce glossaire est réservé aux golfeurs novices ou aux non golfeurs. Il leur permettra, en les familiarisant avec les termes souvent anglais du jeu de golf, de ne rien perdre de toute la saveur d'un certain humour.

A

ACE : terme américain pour désigner un trou-en-un (hole-in-one). Selon la tradition, le joueur ayant réussi un trou-en-un doit offrir le champagne à tous les membres du club présents pour fêter l'événement.

ADRESSE : position du joueur au départ du swing, devant sa balle pour la préparation du coup.

AIR SHOT (coup dans l'air) : swing complet du joueur, mais sans que le club ne touche la balle. C'est l'erreur de débutant la plus fréquente.

ALBATROS : trois en-dessous du par.

AMATEUR : en opposition à joueur professionnel. Il peut prendre part à des compétitions mais ne doit en aucun cas être rémunéré pour sa participation.

AMONT (balle en) : sur terrain en pente, lorsque le pied gauche est plus haut que le droit.

APPROCHE : petit coup joué du fairway ou du rough pour atteindre le green et se placer au plus près du drapeau.

AVAL (balle en) : sur terrain en pente, lorsque le pied droit est plus haut que le gauche.

B

BACK NINE : ce sont les neuf derniers trous d'un parcours de golf, appelés également retour.

BACKSPIN : effet rétro donné à la balle, qui la fait tourner sur elle-même vers l'arrière ; de cette manière, la balle ne roule pas quand elle touche le sol.

BACKSWING (swing en arrière) : première partie du mouvement de frappe de la balle, lorsque le club monte vers l'arrière avant de redescendre pour frapper.

BACK TEE : départ sur le terrain des joueurs de 1ère série, des professionnels et des champions (marqué par des boules jaunes).

BALLE : à l'origine du jeu de golf, les balles étaient en bois, puis en cuir. Actuellement, elles sont constituées d'un noyau central entouré d'un long élastique très fin embobiné autour de ce noyau, le tout recouvert d'une enveloppe en plastique. Petite balle : 41,15 mm de diamètre ; grosse balle : 42,67 mm de diamètre, avec 232 alvéoles.

BALLE EN JEU : une balle est en jeu dès que le joueur a frappé le coup de départ.

BALLE PERDUE : non retrouvée après cinq minutes de recherche, une balle est considérée comme perdue et le joueur, pénalisé d'un point, doit jouer une autre balle depuis l'endroit où il a tapé la précédente.

BASEBALL (grip) : tenue du club sans liaison des deux mains.

BIRDIE (petit oiseau) : score de 1 en dessous du par.

BLIND : se dit d'un trou dont on ne voit pas le drapeau de l'endroit où l'on joue.

BOGEY : désignait le par de chaque trou. Aujourd'hui, désigne un score de 1 au-dessus du par ; 4 sur un par 3, 5 sur un par 4, etc. On dit aussi double bogey : deux au-dessus du par, triple bogey…

BOIS : club à grosse tête ronde utilisé au départ d'un trou. La plupart de ces clubs sont aujourd'hui en métal.

BUNKER : obstacle creux empli de sable disposé sur le parcours de golf en approche des greens, qui exige pour en sortir une technique particulière ainsi qu'un club spécifique : le sandwedge.

C

CADDIE (ou caddy) : il accompagne le joueur, prépare ses clubs, les nettoie, le conseille… Le mot écossais « caddie » aurait pour origine le mot français « cadet ».

CAPITAINE : désigné chaque année, il est choisi dans une liste de membres confirmés de l'équipe qui ont largement contribué au bon fonctionnement du club. Devenir capitaine est considéré comme un grand honneur.

CARRY : c'est la distance franchie par la balle entre le moment où celle-ci est frappée et le point où elle entre en contact avec le sol.

CASUAL WATER (eau occasionnelle) : accumulation temporaire d'eau sur le parcours, invisible avant ou après que le joueur a pris position. La pluie n'est pas considérée comme telle mais la neige, la grêle ou la glace le sont. On droppe sans pénalité.

CHANDELLE : balle qui s'élève à la verticale et retombe très près de l'endroit où elle a été frappée.

CHIP : petit coup sec, généralement employé quand le joueur approche le green.

CIRCUIT : série de compétitions réservées aux professionnels et aux amateurs de 3 de handicap maximum, comptant pour le classement national, européen, international ou mondial.

CLEAN (propre) : frappe de la balle, et uniquement de la balle.

CLUB : nom anglais usuel donné aux cannes de golf. Leur nombre est limité à 14 lors d'une compétition.

COMITÉ : le comité est responsable du parcours.

COMMISSAIRE : personne désignée par le comité pour signaler les infractions aux règles et assister l'arbitre.

COUP ou STROKE : action de commencer le mouvement avec intention de frapper la balle (compte pour un point, même si le geste est ensuite arrêté).

COUP DE PÉNALITÉ : coup que l'on ajoute au décompte du joueur, ou de l'équipe, ou du camp, suivant les règles.

COUPE DES MÉNAGES : compétition annuelle qui associe le mari et la femme.

D

DÉPART : endroit où l'on commence à jouer, marqué par des boules de différentes couleurs : jaunes pour les 1ères séries et les professionnels (back tee), blanches pour les amateurs hommes, bleues pour les seniors, rouges pour les dames.

DÉTRITUS : tout objet naturel qui n'est pas fixé et qui ne pousse pas : pierres, brindilles, feuilles, branches, vers, insectes, leurs déjections ou les monticules faits par eux ; la neige et la glace peuvent également être considérées comme détritus.

DIVOT : motte de gazon arrachée du sol par le club au moment où la balle est frappée. Cela est la conséquence d'une mauvaise position du joueur, qui s'est baissé lors de l'impact. L'étiquette précise que tout divot doit être replacé.

DOGLEG (patte de chien) : trou dont le fairway tourne vers la droite ou la gauche par rapport au tee de départ.

DORMIE : se dit d'un joueur qui, en match play, a plus de trous perdus qu'il ne lui en reste à jouer.

DOWNSWING (swing vers le bas) : partie du mouvement de frappe de la balle qui consiste à amener la tête du club sur la balle. Appelée également descente.

DRAPEAU : placé dans le trou, numéroté, il aide le joueur à visualiser, et à viser le trou.

DRIVE : frappe effectué à partir d'un tee au départ d'un trou.

DRIVER : c'est le plus long des clubs de golf, dont la tête est en bois avec une face presque plate, utilisé principalement au départ. Également dénommé bois n° 1.

DRIVING RANGES (practice) : étendue de terrain à proximité d'un golf réservée à l'entraînement des joueurs. Au Japon, on a construit de gigantesques arènes, s'élevant sur plusieurs étages, qui permettent à plus de mille golfeurs de s'entraîner en même temps.

DROPPER : lorsqu'un joueur droppe la balle, cela veut dire qu'il la ramasse et la fait tomber bras tendu, devant lui, pour signifier qu'il est incapable de jouer son coup (car elle est dans un endroit injouable, ou dans l'eau). Cela entraîne, ou pas, un point de pénalité.

E

EAGLE : trou joué en deux en-dessous du par.

EAU FORTUITE (ou occasionnelle) : voir CASUAL WATER.

ÉTIQUETTE : code de bonne conduite établi pour le respect des joueurs et du parcours ; il comporte neuf règles qui, en cas de non-observation, n'entraînent aucune pénalité car il s'agit de règles morales.

ENQUILLER : entrer la balle dans le trou au putting (enquiller un putt).

F

FACE (de club) : partie de la tête du club qui est conçue pour entrer en contact avec la balle. Les règles de golf régissent les caractéristiques des faces de clubs, imposant des limites sévères à la forme et à la taille des rainures. Désigne également la partie frontale d'un bunker, là où la pente sablonneuse est très raide.

FAIRWAY : partie entretenue et tondue du terrain de golf, qui sépare le tee de départ du green.

FER : club dont la tête est en métal : du fer 1, face fermée, au fer 10, face très ouverte. Désigne également un sandwedge et un sand-iron.

FINISH : fin du swing, après le follow-through.

FLAT : swing tendant vers l'horizontale.

FOLLOW-THROUGH : moment du swing après l'impact.

FORE : interjection utilisée pour prévenir les joueurs qui vous précèdent qu'une balle va tomber.

FOURSOME : partie qui oppose deux camps de deux joueurs, chaque camp jouant alternativement sur une balle.

G

GOLF COLLECTOR'S SOCIETY : association ayant pour but de regrouper et de faciliter les échanges entre collectionneurs d'objets de golf. Créée en 1970 aux États-Unis, elle possède une antenne française depuis 1986. D'autres antennes existent également dans certains pays européens.

GREEN : partie du parcours, signalée par un drapeau, où se trouvent les trous, et constituée de gazon très fin et tondu ras. Aménagée pour putter.

GREEN D'HIVER : green aménagé l'hiver sur le fairway à proximité du green traditionnel, en cas de gel.

GREEN FEE : droit à acquitter pour jouer dans un club dont on n'est pas membre.
GREEN KEEPER (gardien du green) : responsable de l'entretien d'un parcours.
GREENSOME : formule de jeu dans laquelle deux équipes jouent chacune une balle ; au deuxième coup, chaque équipe choisit la meilleure et joue alternativement jusqu'au trou.
GRIP : partie du club qui sert à tenir celui-ci. Désigne également une des trois manières de tenir le club.

H

HANDICAP : classement des joueurs amateurs en différentes séries et qui correspond à l'équation suivante : score net = score brut — handicap.
HAZARDS : obstacles divers sur le parcours : eau, branches, mottes, etc.
HOLE : trou.
HOLE-IN-ONE (trou-en-un) : trou réalisé en un coup.
HONNEUR : celui ou celle qui joue le premier à chaque départ.
HOOK : effet, généralement involontaire, qui donne à la balle une trajectoire incurvée à gauche.
HORS LIMITES : à l'extérieur du terrain de jeu, limité par des piquets blancs.

I

IN : les neufs derniers trous du parcours, appelés aussi retour.
INTERVENTION FORTUITE : balle arrêtée ou détournée par un élément étranger à la partie.
IRONS : désignait initialement les clubs à tête de fer.

J-K

JIGGER : fer à face inversée.

L

LABOUREUR : joueur débutant !
LIE : manière dont la balle repose sur le sol. Désigne aussi l'angle formé par la semelle et le manche du club.
LIGNE DE VOL : ligne théorique qui relie la balle à son objectif.
LINKS : parcours de golf en bordure de mer et construit dans les dunes. À l'origine du jeu de golf.

M-N

MARQUEURS : personnes désignées par le comité pour noter les points dans une partie par coups.
MATCH : compétition entre deux ou plusieurs joueurs.
MATCH PLAY : formule de jeu qui oppose directement deux joueurs arrivés à égalité en fin de partie.

O

OBSTRUCTION : ouvrage artificiel situé sur le parcours.
OUVERT (stance) : ligne épaule-bassin formant un angle ouvert vers l'avant.
OUT : nom donné au neuf premiers trous d'un parcours de golf, appelés aussi aller.

P

PAR : longueur d'un trou, ou nombre de coups à jouer sur un trou.
PAR 3 : trou dont la longueur est inférieure à 229 mètres.
PAR 4 : trou dont la longueur est comprise entre 229 et 434 mètres.
PAR 5 : trou dont la longueur est supérieure à 434 mètres.
PARCOURS : ensemble de la surface permettant de faire une partie de golf comprenant : les tees de départ, les fairways, les bunkers et les greens.
PAU : ville ou fut créé le premier golf sur le continent européen, en 1854.
PÉNALITÉ : nombre de points que le joueur ajoute à son score net, en fonction des fautes commises tout au long du parcours.
PITCH : trou fait par une balle en tombant sur le gazon. Désigne aussi un coup d'approche joué en hauteur avec un pitching wedge.
PITCH AND PUTT : parcours réduit servant à l'entraînement des approches et du putting.
PLAY-OFF : prolongation d'une partie pour départager des joueurs à égalité. Se jouait le lendemain de la compétition et sur un tour complet (18 trous). Se joue désormais immédiatement, le premier à faire la différence gagne la partie.
POSTURE : position du joueur devant sa balle.
PRACTICE : endroit réservé à l'entraînement et à l'apprentissage du golf.
PRO : professeur de golf ou professionnel de golf.
PROFESSIONNEL : joueur qui a fait du golf sa profession et joue les compétitions dotées de prix.
PULL : balle partant en droite ligne vers la gauche.
PULL SLICE : balle qui part d'abord à gauche de l'objectif puis revient vers la droite.
PUSH : balle partant en droite ligne vers la droite.
PUSH SLICE : balle qui part directement à droite puis revient vers la gauche en fin de trajectoire.
PUTTER : certainement le club de golf le plus important : il est spécialement conçu pour faire rouler la balle sur le green et la faire entrer dans le trou.
PUTT : coup roulé joué sur le green, pour faire entrer la balle dans le trou.
PUTTING GREEN : surface de gazon tondu ras, placée en général à proximité du tee n° 1, ayant la consistance et la qualité des 18 greens du parcours. Sert à l'entraînement.

Q-R

RECOVERY : rattraper un mauvais coup.
RÈGLES DE GOLF : conçues en 1744 par les membres de l'Honourable Company of Edinburgh Golfers, puis reprises dix ans plus tard par les membres du Royal and Ancient Golf Club de Saint Andrews.
ROUGH : partie non tondue d'un terrain de golf, constituée d'herbes hautes.
ROULÉE (approche) : approche exécutée avec un club très fermé de manière à faire rouler la balle sur le green.
ROYAL AND ANCIENT GOLF CLUB : c'est le temple du golf, situé en Écosse à Saint Andrews, où sont conservées les règles du golf. Édictées en 1754, elles font autorité dans le monde entier.
RYTHME : tempo sur lequel est effectué l'ensemble du swing.

S

SAC (de golf) : né en 1879 sous le nom d'étui à crosses. Avant, les clubs de golf étaient portés sous le bras
SAINT ANDREWS (Écosse) : berceau du golf organisé, où fut introduit par des marchands hollandais le jeu de *kolf*.
SAINT ANDREWS (États-Unis) : nom du premier golf officiel américain crée en 1888 par John Reid, émigré écossais. Situé dans l'état de New York à Yonkers, il ne comptait à sa création que 3 trous.
SANDWEDGE : club assez lourd et servant principalement à sortir des bunkers. Inventé par Gene Sarazen.
SCRATCH : joueur jouant le parcours dans le par.
SHAFT : manche du club de golf.
SLICE : effet donnant à la balle une trajectoire très incurvée à droite en fin de vol.
SOCKET : coup frappé avec le talon ou le manche du club faisant partir la balle vers la droite.
SQUARE : perpendiculaire à la ligne de vol.
STANCE : peut être square, ouverte ou fermée ; désigne la position des pieds du joueur par rapport à la balle et en alignement avec le drapeau.
STANDARD SCRATCH SCORE (S.S.S.) : c'est le par général d'un parcours, établi en fonction de différents critères.
STYMIE : trou barré. Action de faire sauter sa balle par-dessus celle de son adversaire sur le green. N'est plus usité. Désigne également la situation d'un joueur avec un obstacle entre l'axe de sa balle et le trou.
SURÉLEVER (sa balle) : mettre un tee ou une poignée de sable sous sa balle afin de faciliter la frappe. N'est autorisé qu'au départ d'un trou.
SWING : mouvement complet qu'effectue un golfeur pour envoyer la balle. Comprend le take-away, le backswing, le downswing, l'impact, le follow-through et le finish.

T

TAKE-AWAY : Désigne les trente premiers centimètres à la montée du swing, lorsque le club est tiré vers l'arrière avant de commencer le pivot du bassin.
TEE : surface d'où l'on commence à jouer un trou. Désigne également un petit accessoire en bois qui permet de surélever sa balle au départ. Avant l'invention de ce petit morceau de bois, en 1899 par George F. Grant à Boston, la balle était surélevée par une poignée de sable que le caddy prenait dans une boîte disposée à chacun des départs.
TERRAIN EN RÉPARATION : partie du terrain où sont effectuées des modifications, délimitée par des piquets bleus. On droppe sans pénalité.
TOPPER : frapper la balle dans sa partie supérieure.
TOPSPIN : effet donné à la balle qui fait rouler celle-ci sur elle-même dans le sens de sa trajectoire. Après avoir touché le sol, elle roule beaucoup plus loin.
TOUR OU ROUND : jouer un tour consiste à jouer en continu les 18 trous d'un parcours, dans l'ordre exact ou dans celui décidé par le comité.
TROU : situé sur le green, il mesure 108 mm de diamètre et 101 mm de profondeur. Il représente le but d'une partie de golf.

U-V

UP-RIGHT : swing tendant à la verticale.
VISÉE : appréciation visuelle de la trajectoire idéale avant de se mettre à l'adresse.

W

WACCLES : balancements de la tête du club au-dessus de la balle avant le début de la montée.
WEDGE : club très lourd où le loft est le plus important, avec le sandwedge ; sert aux approches levées et aux sorties de bunker.

X-Y-Z

YIP : peur que l'on éprouve au moment de putter.

REMERCIEMENTS

L'éditeur tient à remercier tous ceux — dessinateurs, éditeurs, agents, collectionneurs — qui l'ont aidé à mener à bien ses recherches pour la réalisation de cet ouvrage.
Le dessin de Mordillo à été publié aux Éditions Glénat, Grenoble, en langue française, chez Wilhelm Heyne Verlag, Munich, en langue allemande, chez Arnoldo Mondadori Editore, Milan, en langue italienne, et chez Random Group, Londres, en langue anglaise.

Les auteurs dédient ce livre à J. S. F. Murdoch, fondateur du Golf Collector's Society, et aux membres de cette association qui ont aidé à faire ce livre.

Ils remercient sincèrement : Olivier Beuve-Méry, Donald Grégoire, Henkes Brothers, Denis Machenaud, Bruno Millienne, Martine Tifagne, Madame Remy du restaurant *Les Princes* de la porte de Saint-Cloud, Edwige Charez, Nelson Montfort, Alain de Saint-Sauveur, Sipa labo, Monsieur le Roux, *Arlette et Pascale,* Laurent de Vilmorin, Jean-Claude Gambert, le golf du Sancerrois, Bob Gowland de Phillips Chester, Michel Menejkowsy, dit Le Sportsman, Golen, érudit, Henry Aeyby, Thierry Clément, Josette Serieyes, Madame Mulot, Monsieur Edouard Bollaërt, Nathalie Jeanson, Michel Gayon.

Conception graphique de la première édition : Geneviève Pannetier
Reprise graphique et mise en page de la présente édition : Di-One
Conception de la couverture : David Bakonyi

© 2010, Éditions de La Martinière, une marque de
La Martinière Groupe, Paris, pour la présente édition.
© 2006, Éditions Hermé, Paris
© 1995, Éditions de La Martinière, Paris
© 1991, Éditions Nathan, Paris

Connectez-vous sur www.lamartinieregroupe.com

ISBN : 978-2-7324-4386-7
Achevé d'imprimer en septembre 2010
sur les presses de l'imprimerie Grafo S.A.
Dépôt légal : octobre 2010
Imprimé en Espagne